弁護士・税理士が伝えたい
法務と税務！

老老相続

著

弁護士 **奥原玲子**
税理士 **平田久美子**

清文社

まえがき

　この本は、高齢化に伴って増加しつつある、被相続人・相続人ともに高齢者という「老老相続」に関する法務面・税務面での問題とその対処策について概要を整理したものです。

　第1章では、「老老相続」に伴う基本的な問題を総括的に整理し、**第2章**では、Q&Aの形で、個別具体的な問題の解説を行っています。

＊　　　　　　　　　　＊

　平成30年には民法（相続法）等の改正が行われ、「老老相続」を視野に入れた相続法制の改善が図られたところであり、また、税制改正も頻繁に行われており、本書ではこれら法改正の内容を踏まえた最新の解説を行っています。

　ただ、今回の民法（相続法）等改正は、早いものは平成31年1月13日から順次施行され、相続開始の時期などによって適用される制度が異なり、また新制度についても、運用が開始されれば、実務上の取扱いの細部について、今後、種々の調整が行われる可能性もあります。

　そして、実際の相続問題は、それぞれ複雑な背景を持っていることが多く、当事者からその事情や意向を過不足なく聴取し、客観的な資料を分析するなどして事実関係を把握したうえで、法的に評価しないと、結論に到達できないことも多いといえます。

　そのような意味から、本書を導入部として参考にしていただきながら、できるだけ早い段階で法務、税務の専門家にご相談いただくことが望ましいと考えています。

　なお、本書の法務面については弁護士の奥原玲子が、税務面については税理士の平田久美子が執筆しました。

本書が読者の方々の参考となり、相続がトラブルなく円滑に行われるうえでお役に立てば幸いです。

令和元年 10 月

弁護士　奥原　玲子

まえがき

老老相続
弁護士・税理士が伝えたい法務と税務！
CONTENTS

第1章
深刻化する"老老"現象に どう向きあうか

第1節　老老現象と法務の視点————3
1. 老老相続に伴う問題————3
2. 老老相続に伴う問題を回避するために————4
3. 問題解決を容易にする民法等改正————6

第2節　老老相続の問題点と税務対策————7
1. 老老介護と老老相続————7
2. 老老相続の問題点————8
3. 老老相続問題への対応策————12

第2章
直面する"老老"相続に対処する
法務・税務からの個別具体的な対処 Q&A

Q01　民法（相続法）等の改正————17
Q02　相続の仕組み————23

Q03　相続の開始―――28

Q04　遺言書の探索―――37

Q05　複数ある遺言―――44

Q06　認知症の人の遺言―――46

Q07　遺言と異なる遺産分割―――49

Q08　遺言執行者が執務できない場合―――58

Q09　遺産の一部についての遺言―――62

Q10　遺言の対象財産の不存在―――68

Q11　法定相続人の確定―――72

Q12　法定相続人の1人が認知症の場合―――78

Q13　後見人が付いている場合の遺産分割協議の進め方―――84

Q14　法定相続人の後見人が法定相続人の1人でもある場合―――86

Q15　入院中または遠方にいる相続人との遺産分割協議―――89

Q16　相続分の譲渡―――93

Q17　相続分の放棄―――96

Q18　行方不明の相続人がいる場合―――99

Q19　養子がいる場合―――103

Q20　相続人がいない場合の葬儀費用等立替金の清算―――107

Q21　法定相続人はいないが、
　　　自分への遺言があるかもしれない場合―――111

Q22　相続人がいない場合の特別縁故者への財産分与―――116

Q23　特別寄与料(相続人ではないが被相続人に
　　　特別寄与した親族(特別寄与者)への支払い)―――120

Q24　遺産の範囲の確定―――123

Q25　先代の登記名義のままの不動産の帰属を確定したい―――125

Q26　相続放棄―――128

Q27　限定承認―――133

Q28　相続放棄の場合の相続財産管理人の活用―――137

Q29　遺産分割後の財産の発見———139

Q30　遺産分割協議のやり直し———143

Q31　相続財産の調査の仕方———145

Q32　預貯金債権の相続———153

Q33　預貯金の払戻し———155

Q34　相続人の１人による預貯金の払戻し———158

Q35　被相続人の成年後見人からの財産の引継ぎ———161

Q36　遺産の評価時点———166

Q37　不動産の評価———171

Q38　特別受益（遺産に組み入れる生前贈与等）———175

Q39　被相続人の土地の無償使用は特別受益になるか———180

Q40　遺産分割の方法
　　　（現物分割、代償分割、換価分割、共有分割）———183

Q41　配偶者の短期の居住権の保護———189

Q42　配偶者の長期の居住権の保護———193

Q43　配偶者の老後の生活に配慮した遺言———198

Q44　遺留分の侵害———202

Q45　相続人が海外にいる場合———208

Q46　相続財産が空家の場合———214

Q47　相続の第三者への対抗要件———219

Q48　共有者の１人が亡くなり相続人がいない場合———222

Q49　信託の活用方法①
　　　———死後も妻のために財産管理を委託したい場合———225

Q50　信託の活用方法②
　　　———死後もペットの面倒を見てもらいたい場合———229

あとがき

コラム

- ●相続税の納付———36
- ●相続税申告における法定相続情報制度———41
- ●相続時精算課税———42
- ●やむを得ない事情———57
- ●未分割財産が分割され
  減額更正された場合の附帯税の取扱い———71
- ●相続登記———77
- ●個人事業者の事業用資産に係る納税猶予制度———92
- ●相続税の取得費加算———188

＊本書の内容は、令和元年 10 月 1 日現在の法令等によっています。

第 1 章

深刻化する
"老老"現象に
どう向きあうか

第1節

老老現象と法務の視点

1 老老相続に伴う問題

高齢化が急速に進行し、超高齢化社会が目の前に迫っています。

高齢化により昨今「**老老介護**」という言葉も定着してきましたが、これが一歩進むと「**老老相続**」ということになります。

すなわち、被相続人も、相続人も、高齢者という時代になってきているのです。

(1)被相続人の側の問題

相続される本人の側から見れば、自分の死後に、残された家族が遺産を適切に活用して安定した生活を送ってほしい、特に残された配偶者には幸福な余生を送ってほしい、遺産をめぐって残された家族が争うようなことのないようにしたい、など様々な思いがあることと思います。

しかし、高齢化に伴って認知症になってしまえば遺言を書くことも難しくなり、相続において自分の思いを実現することが困難になります。

また、生涯独身であったり、離婚や死別により単身になったり等諸事情があることと思いますが、法定相続人が誰もいない場合には、遺言を行っておくことで自己の財産の行く末を決めておくこともできると思います。

(2)相続人の側の問題

一方で、相続人の方も高齢化してくると、いろいろな問題が生じます。

相続人である配偶者は、年齢から見て収入を得ることは難しいケースが

多くなり、相続に際して、配偶者の生活をいかにして安定させるかということが大きな課題となります。

また、配偶者・子を含めて、高齢化すると認知症になるなど判断能力の衰える人も増え、成年後見人の選任が必要になることもあります。さらに、相続人の一人に成年後見人が選任され、しかもその後見人自身も相続人の一人である場合にどうするかといったことも問題になります。

判断能力がしっかりしていても、病気、骨折等で入院したり、遠方に出かけることが難しいケースもあります。こうなると、遺産の分割協議をどう進めていくかということも現実的に問題になります。

相続発生後、遺産分割が終わらないうちに相続人である子が亡くなり、二次相続が発生し、さらに法定相続人の数が増え、事情が変わり、遺産分割協議が難しくなってくる場合もあります。

老親の近くに住む子が親の面倒見を行っていた場合に、面倒見を行っていなかった子から、被相続人の預貯金の払戻しの使途をめぐって紛争になるケースも見られます。長年の不仲ということもありますが、初動のボタンの掛け違いから感情的な対立が激化してしまうこともあります。

その一方で、法定相続人が誰もおらず（相続放棄により誰もいなくなった場合も含みます）、また、遺言もなく、遺産であるマンションや一軒家が長期間放置されるなど、相続財産管理人の選任が早期に必要とされる事例もあります。

(3) 不動産登記の問題

さらに、不動産については、先代、先々代の先祖の登記名義のままになっていることもあります。このままの状態で現在居住している者が亡くなると、残された相続人が以前の相続関係を整理するところから始めざるを得ないこととなり、大変な手間と困難を伴うことになります。

❷ 老老相続に伴う問題を回避するために

こうした「老老相続」で発生する可能性のある様々な問題に対処するため

の基本は、誰しも判断能力のあるうちに、自分の財産をよく整理し、その財産を自分の死後どうするかをよく考えて遺言を作ることです。

本人と推定相続人がきちんと話し合いを行い、事前の準備をしておいてもらうことは可能でしょう。

(1)財産目録の作成

財産目録を正確に作ることがその第一歩です。不動産については、その登記名義がどうなっているかも明確にしておきましょう。

先代以前の登記名義になっているなら、それを自分の名義にする手続から始めなければなりません。

(2)遺言の作成

次に、その財産のうち、誰に何を承継させるかを決め、遺言を行うことが望ましいでしょう。配偶者の居住を含めた生活の安定をどう図るか、財産をどう承継させていくか、相続人同士のトラブルを避けるにはどう配分すべきか、といったことをよく考えて決めていく必要があります。

また、民法には、遺留分制度がありますので、これを侵害するような配分で承継させてしまうと、侵害された相続人は遺留分侵害額請求権を行使することができます。遺留分に抵触しない形で遺言をしておけば、このトラブルは回避できます。

(3)遺言の保管

そして遺言については、被相続人の死後に、相続人が確実に発見できるようにしておくことも重要です。発見できなければ、結局、遺言者の意思は実現されません。

(4)その他

遺言または生前の信託契約により、信託制度を活用する事例も出てきました。活用の必要性があるか、どう活用するかはケースバイケースです。

③ 問題解決を容易にする民法等改正

　平成30年の民法等改正では、配偶者の居住権を保護する仕組みの導入、20年以上婚姻している夫婦間で行った居住用不動産の贈与等に特別受益の持戻し免除の意思表示を推定する仕組みの導入、自筆証書遺言を使いやすくする見直し、自筆証書遺言の法務局における保管制度の創設、従前の遺留分減殺請求の金銭債権化（遺留分侵害額請求権）など、上記の問題を解決しやすくするような制度改正が行われています。施行時期と適用関係については、個別の確認が必要です。

　制度改正の内容については、**第2章**のQ1で概要を説明しています。

＊　　　　　　　　＊

　また、具体的な事案をベースとした相続に関する留意事項については、**第2章**の個別のQ&Aで解説していますので、参考にしていただきたいと思います。

第2節

老老相続の
問題点と税務対策

1 老老介護と老老相続

　平成28年の国民生活基礎調査（厚生労働省）によると、次ページ**図-1**のとおり、介護が必要な65歳以上の高齢者を65歳以上の人が介護する「**老老介護**」の世帯の割合が54.7％に達し、ともに75歳以上同士の場合は「**超老老介護**」ともいわれ、その割合は30.2％となっています。医療の進歩等で平均寿命が延びる一方で、健康寿命はそれほど延びておらず、核家族化の進展とも相まって、高齢者が高齢者を介護する状態を生み出しています。

　また、老老介護の中でも、認知症の要介護者を認知症の介護者が介護していることを「**認認介護**」といい、認認介護世帯も増加しています。事故が起きやすい危険な介護状況の一つです。

　同様に問題なのが、「**老老相続**」です。被相続人も相続人も高齢者である相続で、老老介護や認認介護を経て、老老相続となるケースも多いことでしょう。この老老相続には、相続人が高齢者ではない相続でもみられる問題に加えて、老老相続ならではの問題も多く存在します。

　例えば相続人が高齢者である場合、相続人は既に自宅を所有しているため、相続した不動産が活用されず、放置されているケースが多いことから、いわゆる「空家問題」が日本各地で問題となっていることが挙げられます。

　また、**図-2**、**図-3**のとおり、高齢者が保有する金融資産の割合・金額は増加の一途をたどっていますが、特に認知能力が低下した高齢者は、金融資産の管理運用も難しく、ただ保有しているだけという状況も多いことと思われます。このように、高齢者の資産が有効に活用されない状況は、マク

【図-1】要介護者等と同居の主な介護者の年齢組合せ別の割合の年次推移

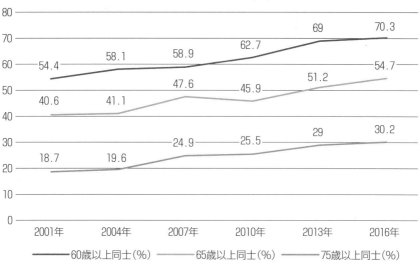

※平成28年は熊本県を除く（平成28年厚生労働省「国民生活基礎調査」より）。

口経済的に見ても、家族の世代間の円滑な資産移転という点からも、大いに問題があるといえるでしょう。先頃国会でも取り上げられましたが、令和元年6月3日に発表された金融審議会・市場ワーキング・グループ報告書「高齢社会における資産形成・管理」でも指摘しているとおり、金融サービス提供者側の適切な対応とともに、個々人も年齢を重ねる中でのよりよい資産形成・管理を考え実行し、老老相続にまつわる問題を回避していく必要があります。

2 老老相続の問題点

財務省主税局の調査（図-4）によると、被相続人の死亡時の年齢が80歳以上となる相続税の申告は、平成28年では全体の約7割を占めており、相続人の年齢は概ね50歳以上が想定されます。被相続人の高齢化により、相続による若年世代への資産移転が進みにくい状況となっており、財務省は、資産移転の時期の選択に対してより中立的な制度の構築について検討が必

【図-2】年代別金融資産残高の分布の推移

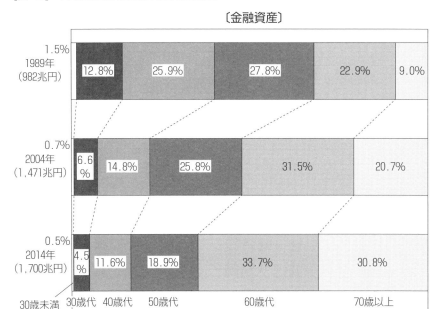

(出所)総務省「全国消費実態調査」(2人以上の世帯)、日本銀行「資金循環統計」により財務省作成資料。

(注)「金融資産」は貯蓄現在高(負債現在高控除前)による。なお、「貯蓄現在高」は、郵便局・銀行・その他の金融機関への預貯金、生命保険・損害保険の掛金、株式・債券・投資信託・金銭信託等の有価証券と社内預金などの金融機関外への貯蓄の合計。

要としています。

このように増加する老老相続には、どのような問題があるのでしょうか。いくつかを挙げてみます。

(1) 被相続人の意思の実現

一定の年齢に達した人なら、自分の財産をどのように残し、どのように引き継いでほしいのかを考えることがあるでしょう。それを具体的に実現する方策が遺言書の作成ですが、被相続人が認知症になる前に遺言を作成していないと、被相続人が認知症になる前に思い描いていたことが実現できないことにもなりかねません。遺言がない場合も、遺産分割協議で被相続

第1章 深刻化する"老老"現象にどう向きあうか

【図-3】年代別金融資産保有総額

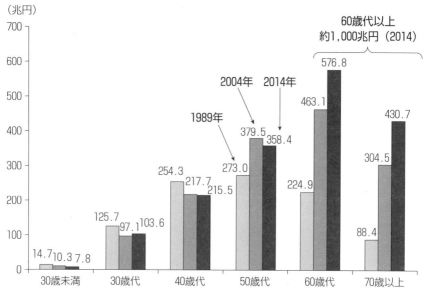

(出所) 日本銀行「資金循環統計」、総務省「全国消費実態調査」より財務省推計資料。

【図-4】相続税の申告からみた被相続人の年齢の構成比（財務省主税局調べ）

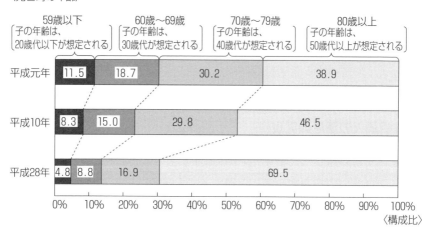

人の思いを実現することは不可能ではありませんが、一般的にその場合、相続人の思いが先行します。また、相続人の中に認知症の人がいると後見人を立てることになりますが、その場合、遺産分割は法定相続分によることが一般的で、結果として被相続人の意思を実現することができないことも考えられます。

(2)財産の把握

被相続人が遺言書を作成していないか、相続人に財産のすべてを明らかにしていない状態で認知症になった場合は、遺産の把握が困難になることも予想されます。不動産であれば固定資産税の課税通知書が届きますし、有価証券であれば残高報告書が定期的に届きますが、現預金の場合は現金や預金通帳等の保管場所がわからないと、結果として申告漏れとなってしまう危険もあります。

また、最近の高齢者の中にはインターネット取引を行っている人もいるでしょう。この場合、パソコンの取引上のパスワードがわからなければ、預金や有価証券といった財産の把握ができないことも想定されます。最近話題となっている「デジタル終活」は、財産管理の点からも必要性が高まってきています。

(3)相続人の争いの回避

老老相続に限ったことではありませんが、相続人の争いは近年増加の一途をたどっています。さらに老老相続の場面では、遺言や遺産分割協議における認知能力をめぐる問題や、代襲相続が発生しているケースが多いこと、さらに数(相)次相続が近く発生する確率が高いことなど、より問題が複雑化します。

(4)若い世代への資産移転

老老相続では、相続人には既に持家があり、子どもの養育も終わっている場合が多く、結果として取得した相続財産は自分の相続のときまで維持す

るだけということも多いのではないかと推測されます。「生きたお金の使い方」という言葉がありますが、遺産も大事なところに有効に活用されてこそ被相続人の思いに応えることになるでしょう。例えば、住宅や子育て等にお金がかかる若い世代に早期に移転していくことが「生きた使い方」の一つなのではないでしょうか。

③ 老老相続問題への対応策

老老相続問題の事前の対応策には、次のような方法が考えられます。

(1) 財産把握を早めに行う

認知症や身体が不自由になってからでは財産の管理も困難となります。なるべく早いうちから財産の把握をして相続人がわかるようにしておくべきでしょう。これには、遺言ではなくて、いわゆるエンディングノートのような形でも可能です。

(2) 遺言の作成を早めに行う

相続人間で争いが発生しそうな場合、または被相続人がそれぞれの相続人に対しての特別な思いがある場合はもちろんのこと、相続が開始した後の相続人の負担を少しでも軽減するためにも遺言の作成が望まれます。遺言については、**第2章**で詳しく説明していますので参照してください。

(3) 資産移転を早めに行う

若い世代への資産移転として、贈与を積極的に活用していくことを検討しましょう。

① 暦年贈与の活用

贈与税基礎控除110万円以下の贈与です。多くの人に長年にわたってその都度贈与していくことで、結果的に相続財産を大きく減らすことにもつながります。ただし、相続開始から3年以内の贈与はたとえ110万円以下であっても、相続財産に加算されることに注意してください。

② 相続時精算課税制度の活用

　相続時精算課税制度は、特に将来相続税がかからない人には有効な方法といえます。相続税がかかる人には、暦年贈与のように相続税を減少させる効果はほぼなく、むしろリスクが高い制度ですので、よく理解した上で選択するようにしましょう。概要は**第2章のコラム**（42ページ）で記載しています。

③ 贈与税の特例の活用

●教育資金の一括贈与の非課税の特例

　30歳未満の受贈者に教育資金の贈与として直系尊属（親や祖父母）が金銭等を金融機関等へ拠出した場合に、受贈者一人につき1,500万円（学校等以外の者に支払われた金銭については500万円）までを非課税とする制度です。平成25年度の税制改正で創設された制度ですが、相続税対策としての効果も注目され、平成27年9月末の信託財産設定額の合計は約9,639億円にもなりました。なお、現在は贈与者死亡時の取扱いが変わり、贈与者の相続開始前3年以内の贈与について受贈者が23歳未満または在学中の場合を除き、相続開始時の残高を相続財産に加算することとされました。この場合、相続税の2割加算の対象にはなりません。また受贈者の所得要件の見直し（1,000万円超の受贈者の信託受益権等の不適用）等、所要の改正がされていますので留意ください。

●結婚・子育て資金一括贈与の非課税の特例

　20歳以上50歳未満の受贈者に結婚・子育て資金の贈与として直系尊属（親や祖父母）が金銭等を金融機関等に拠出した場合に、受贈者一人につき1,000万円（結婚に際して支出する費用については300万円）までを非課税とする制度です。ただし、贈与者が死亡するまでに結婚・子育てに使われなかった残額は、受贈者が贈与者から相続または遺贈により取得したものとみなして相続税の課税価格に加算されます。なお、その場合、相続税の2割加算の対象にはなりません。また、本特例についても受贈者の所得要件の見直しがなされています。

●住宅取得資金等の非課税贈与制度

　直系尊属（親や祖父母）から贈与により取得した住宅用家屋の新築、取得または増改築に充てるための金銭を取得した受贈者（その年1月1日において20歳以上の者で、合計所得金額2,000万円以下の者）で一定の要件を満たす場合、一定額までを非課税とする制度です。暦年課税の基礎控除額や相続時精算課税制度と併用適用ができます。

＊なお、上記で取り上げた贈与の特例につき、民法改正（成年年齢引き下げ）により、年齢要件（20歳）については、令和4年4月1日以降取得する贈与の特例については18歳に読み替えてください。

④　信託の活用

　ファミリートラスト（家族信託）が日本でも注目されています。老老相続における諸問題にも信託の活用が有効と考えられ、近い将来、ごく一般的な制度として活用されることが予想されます。信託については、**第2章**のQ49〜50で取り上げています。

第 2 章

直面する
"老老"相続に
対処する

法務・税務からの
個別具体的な対処 Q&A

民法（相続法）等の改正
平成30年の民法等の改正で、相続について主にどのような点が変更になりましたか？

法務のポイント

平成30年の民法等の改正は、昭和55年以来40年ぶりの大幅見直しとなっており、配偶者の居住権保護の方策の規定や相続人以外の親族の貢献を考慮する方策の規定が設けられたほか、遺産分割、遺言制度、遺留分制度、相続の効力等の見直しが行われています。

制度の定着までは、弁護士と相談しながら進めることをお勧めします。

また改正内容ごとに施行時期が異なっていますので、この点にも注意が必要です。経過措置については個別のQを参照してください。

税務のポイント

民法等改正を受けて、配偶者居住権の評価方法の創設、特別寄与料の取扱いの明確化など相続税法の改正も行われました。税法における課税の対象となる財産は経済的価値のあるすべての権利を含むとされていることから、配偶者居住権（配偶者短期居住権は除きます）も相続税の課税対象になります。また特別寄与料は、遺産分割の外に位置付けられたにも関わらず、相続税の対象、しかも2割加算するという取扱いになりました。遺留分侵害額の履行についても金銭以外の資産を移転する際には譲渡所得の課税関係が生じることに注意が必要です。

遺言を作成する際、または遺産分割協議を行うに当たって

第2章　直面する "老老" 相続に対処する

は相続税の検討も欠かせません。

━━━━━━━━━━━━━━ 法務の解説 ━━━━━━━━━━━━━━

1 配偶者の保護が強化されました

　平成30年の改正では、被相続人が亡くなった後、その配偶者の生活を確保するため、いくつかの措置がとられています。詳しくは、Q41、42で解説しています。

　一つ目は、配偶者が相続開始時に遺産に属する建物に無償で居住していた場合には遺産分割が終了するまでの間（または、相続開始の日から6か月を経過する日のいずれか遅い日まで）等に、無償でその建物を使用できるようになりました。

　この改正は、令和2年4月1日から施行されます。

　二つ目は、配偶者の居住建物を対象として、終身または一定期間、配偶者にその使用を認める法定の権利を創設し、遺産分割における選択肢の一つとして、または被相続人の遺言・死因贈与によって、配偶者にこの権利を取得させることができるようになりました。

　この改正も、令和2年4月1日から施行されます。

　三つ目は、これまでは、配偶者に対する生前贈与等について遺産の先渡しを受けたものとして取り扱ってきましたが（生前贈与等の分も含めて配偶者の相続分が計算されるため、生前贈与がなかった場合と同じことになる）、今後は、婚姻期間が20年以上である夫婦間で行った居住用不動産（建物・敷地）の贈与・遺贈については、原則として遺産の先渡しとして取り扱わなくてよいこととなりました。配偶者居住権の遺贈にも準用されます。

　この改正は、令和元年7月1日から施行されています。詳しくはQ38に記載しています。

2 自筆証書遺言が使いやすくなりました

　遺言に関する改正について、一つ目は、これまでは、自筆証書遺言につい

ては、財産目録を含めて全文を自書する必要がありましたが、改正により、自筆の遺言書に、パソコンで作成した目録を添付したり、銀行通帳のコピー・不動産登記事項証明書等を目録として添付することができるようになりました（添付するものにも署名押印が必要です）。

　この改正は、平成31年1月13日から施行されています。詳しくはQ4で解説しています。

　二つ目は、これまでは自筆証書遺言は自宅で保管されることが多かったと思いますが、遺言書が紛失・亡失するおそれや相続人により遺言書が廃棄・隠匿・改ざんされるおそれがあるため、これからは、公的機関である法務局に自筆証書遺言に係る遺言書を保管してもらうことができるようになりました。この方式をとれば、相続人が遺言書の存在を把握しやすくなります。

　この改正は、令和2年7月10日から施行されます。詳しくは、Q4で解説しています。

❸ 遺産分割前にも、一定の範囲で相続された預貯金の払戻しができるようになりました

　平成28年12月19日の最高裁判所大法廷決定を受けて、遺産分割が終了するまでは、共同相続人のうちの誰かが単独で自己の法定相続分の預貯金を払い戻すことができなくなりました。

　しかしながら、これでは、生活費、葬儀費用などの資金需要に全く対応することができません。

　このため、今回の改正で次の二つの措置が講じられました。

　一つ目は、預貯金のうちの一定額（各口座の預貯金額の3分の1にその法定相続人の法定相続分を乗じたもの。ただし一金融機関ごとに150万円を限度）の範囲であれば、金融機関の窓口で支払いを受けられるようになりました。

　二つ目は、家庭裁判所の仮分割の仮処分の要件を緩和し、預貯金債権に限り、仮払いの必要性があると認められる場合には、他の共同相続人の利益を害しない限り、家庭裁判所の判断で仮払いが認められるようになりました。

第2章　直面する"老老"相続に対処する

これらの改正は、令和元年7月1日から施行されています。詳しくは、Q33 で解説しています。

④ 相続人以外の親族の被相続人に対する貢献を考慮する方策ができました

これまでは、相続人以外の親族は、被相続人の介護に尽くしても、遺言がなければ相続財産を取得することはできませんでした。

今後は、被相続人の亡き長男の妻が無償で被相続人の介護をしていた場合などについて、相続の開始後、相続人に対して、特別寄与料の支払いを請求することができるようになりました。

この改正は、令和元年7月1日から施行されています。詳しくは、Q23 で解説しています。

⑤ 遺留分制度が見直されました

これまでは、遺留分減殺請求権の行使によって物権的効力が生ずるとされていたため、共有状態となり、事業承継や持分権の処分に支障が生ずることがありました。また、遺贈や贈与の目的財産を受遺者等に与えたいという遺言者の意思に反することになる場合もありました。

今後は、遺留分から生ずる権利は金銭債権化されることになり、遺留分権の行使によって遺留分侵害額に相当する金銭債権が生ずることになりました。

また、金銭を直ちには準備できない受遺者または受贈者の利益を図るため、受遺者等の請求により、裁判所が金銭債務の全部または一部の支払いにつき相当の期限を許与することができるようになりました。

このほか、相続人に対する贈与について遺留分算定のための財産価額に算入する範囲が、原則として、相続開始前10年間になされた特別受益としての贈与に限定されました。

これらの改正は、令和元年7月1日から施行されています。詳しくは、Q44 で解説しています。

6 相続の効力等が見直されました

これまでは、相続・遺贈による不動産等の取得の効力について、これを第三者に対抗するためには、遺産分割や遺贈の場合は登記等が必要とされる一方、相続させる旨の遺言の場合は、登記等は必要ないとされていました。

しかし、これでは、遺言の有無や内容を知り得ない相続債権者等の利益を害することから、今後は、相続させる旨の遺言（特定財産承継遺言）についても、法定相続分を超える部分については、第三者に対抗するためには、登記等の対抗要件を備えることが必要になりました。

また、相続財産中の債権についても同様で、今後は相続させる旨の遺言についても、法定相続分を超える部分については、債務者・第三者に対抗するためには対抗要件を備えることが必要になりました。

この改正は、令和元年7月1日から施行されています。詳しくは、Q47で解説しています。

━━━━━━━━━● 税務の解説 ●━━━━━━━━━

1 配偶者居住権の課税関係

建物に対する配偶者居住権及び配偶者居住権に基づく居住建物の敷地の利用に関する権利は、相続税法上の財産に含まれ、その存続年数に応じて評価することになりました。また、配偶者居住権が設定された居住用建物及び土地等の所有権は、相続開始時における配偶者居住権及び居住建物の敷地の利用に関する権利の価額を控除したものとされています。

一方、配偶者短期居住権は登記もされず、保護される期間も遺産分割協議によって帰属が確定するまで等と短く収益性もないことから財産性が認められず相続税における評価はされません。

なお、配偶者居住権は、配偶者の死亡等で消滅し、居住権が配偶者の死亡時に相続税の対象とされることはありません。

配偶者居住権の具体的評価方法はQ42を参照してください。

2 特別寄与料の課税関係

相続人以外の親族が、無償で被相続人の療養看護等の役務の提供を行ったことにより、被相続人の財産の維持または増加に特別の寄与をした場合には、一定の要件のもとで、相続人に対して特別寄与料として金銭の請求ができることになりました。

相続財産自体の分割ではありませんが、税務上は遺贈により財産を取得したとみなして相続税の課税対象になります。また、相続人が支払った特別寄与料の額は、その相続人の課税価格から控除されます。

なお、特別寄与料を取得した親族は、それによって新たに相続税の申告義務が生じた場合、特別寄与料の支払額が確定したことを知った日の翌日から10か月以内に相続税の申告書を提出しなければなりません。また、相続税申告後に、特別寄与料の支払いをした相続人は、それによって課税価格が減額されることになりますので、更正の請求をすることができます。

なお、特別寄与者は一親等の血族や配偶者ではないため、相続税額が2割加算されることになります。

3 遺留分侵害額請求権

遺留分減殺請求から生じる権利が侵害額請求として金銭債権化されたことに伴い、金銭の支払いに代えて資産を移転した場合、資産の譲渡をしたものとして譲渡所得の課税関係が生じることになりました。資産の移転をしたときにおいて、その資産の移転により消滅した遺留分侵害額（債務）に相当する金額が譲渡対価となります。資産の移転を受けた者は、消滅した遺留分侵害額（債権）に相当する価額がその資産の取得費になります。

相続の仕組み
相続に関する基本的な仕組みを教えてください。

法務のポイント

民法では、法定相続人や相続人ごとの相続分についての基本ルールを決めていますが、被相続人の意思を尊重するとともに、相続人の利益を考えて、遺言や遺留分等の制度が設けられています。

具体的な遺産分割は相続人の協議が基本ですが、協議が調わなかったり協議ができないときは家庭裁判所を活用することもできます。

税務のポイント

相続税法上の課税財産には、本来の相続財産とみなし相続財産があります。本来の相続財産とは、被相続人に帰属していた財産のうち、金銭に見積もることができる経済的価値のあるものすべてを指し、土地、家屋、借地権、株式、預貯金、現金、貴金属、宝石、書画、骨とう、自動車、電話加入権、立木、金銭債権などが相当します。みなし相続財産は、民法上は、被相続人から相続または遺贈により取得したものではありませんが、実質的に相続または遺贈により取得した財産と同様の経済的効果を持つものとして、課税の公平の観点から相続または遺贈により取得したものとみなすものです。生命保険金等、退職手当金等があります。

相続税の計算は法定相続分課税方式といわれる特異な方法によって算出されます。

具体的には、各相続人等が相続等により取得した財産の合

計を法定相続分で分割したものと仮定して相続税の総額を算出し、それを各人の実際の取得額に応じて按分する仕組みです。

法務の解説

1 相続の意義

　被相続人が亡くなると、被相続人の一切の権利義務（帰属が一身専属のものを除きます）が相続人に承継されます。

2 法定相続人・相続分

　法定相続人については、配偶者は必ず法定相続人となり、このほか子供、直系尊属、兄弟姉妹がこの順番で法定相続人となります（子供がいれば直系尊属、兄弟姉妹は相続人となりません）。

　また、相続人ごとの相続分も法律で定められています。

3 相続の放棄・限定承認

　法定相続人が債務を相続したくないときなどには、法定の期間内に家庭裁判所へ手続をとることによって、相続を放棄したり、積極財産の範囲で債務を承継する限定承認（限定承認は法定相続人全員の合意が必要です）という方法も用意されています。

4 遺言・遺留分

　遺言を書いておけば、法定相続人以外に遺産を残したり、法定相続分とは異なる遺産の分配を行ったり、特定の遺産を特定の相続人に残すことができます。ただし、法定相続人（兄弟姉妹を除きます）には遺留分が定められており、遺言の内容がこれを侵害している場合は、法定の期間内に是正する道が用意されています。

　遺言の方式には、自筆証書による遺言、公正証書による遺言等がありま

5 遺産分割協議

遺言がない場合、あるいは遺言でカバーされていない遺産などについては、法定相続人全員による遺産分割協議が行われてそれぞれの財産の帰属が決まります（なお、相続債務は法定相続分で分割されます。相続人間で特定の相続人が負担する旨の合意をしても債権者に対抗できませんので、事前に債権者と話し合い、同意を得ておく必要があります）。

協議が調わないときまたは協議ができないときは、家庭裁判所に遺産分割を請求する（調停または審判を申し立てる）ことができます。

家庭裁判所の調停または審判で遺産と扱われる対象が何かについては法律相談を受けましょう。

●━━━━━━━━━━━━━ ● 税務の解説 ● ━━━━━━━━━━━━━●

相続税の課税対象財産については Q31 税務の解説 、相続税の計算については Q3 税務の解説 も併せて参照してください。

1 相続税の計算

法定相続人が法定相続分で遺産を取得したものとみなして、相続税の総額を計算し、その総額を実際の財産取得割合に応じて按分します。こうして計算された各人の税額に、加算・控除を行って、各人の納付税額が決まります。

▶第１段階（課税価格の計算）

相続または遺贈により財産を取得した各人の課税価格を合計します。

▶第２段階（相続税の総額の計算）

課税価格の合計額から遺産に係る基礎控除額を差し引いた残額（課税遺産総額）を基に法定相続分で分割したものと仮定して相続税の総額を計算します。

▶**第３段階**（各人の算出税額の計算）

　相続税の総額を各人が取得した財産の額に応じて按分し、各人の算出税額を計算します。

▶**第４段階**（各人の納付税額の計算）

　各人の算出税額に各人に応じた各種の税額加算・控除をし、各人の納付すべき税額を計算します。

② 相続税額の加算・控除

　相続または遺贈によって財産を取得した人が、被相続人の一親等の血族または配偶者以外の場合は相続税額が２割加算されます。具体的には、被相続人の兄弟姉妹や、おい、めいとして相続人となった人や、被相続人の養子として相続人となった人でその被相続人の孫でもある人（代襲相続人である場合を除きます）です。

　相続税額の控除としては、贈与税額控除、配偶者の税額軽減、未成年者控除、障害者控除、相次相続控除、外国税額控除があります。

③ 遺産分割と申告

　相続税は、相続の開始があったことを知った日の翌日から 10 か月以内に申告・納付をしなければなりません。相続税額は上記のとおり法定相続人が法定相続分で遺産を取得したものとして計算します。したがって、遺産分割協議が調わなくても申告・納付はできる（しなければならない）のですが、遺産分割が決まっていないと適用できない制度があります。

　相続税の申告期限までに遺産分割が行われていなければ、申告時に小規模宅地等の課税価格の特例及び配偶者の税額軽減の特例を受けることができません（相続税の申告書に「申告期限後 3 年以内の分割見込書」（66 ページ参照）を添付して提出しておけば、相続税の申告期限から 3 年以内に分割された場合には、特例の適用を受けることができます。この場合、分割が行われた日の翌日から 4 か月以内に「更正の請求」を行うことになります。さらに、相続税の申告期限の翌日から 3 年を経過する日において相続等に関する訴えが提起されているなど一定のやむを得ない事情があ

る場合において、申告期限後3年を経過する日の翌日から2か月を経過する日までに、「遺産が未分割であることについてやむを得ない事由がある旨の承認申請書」（67ページ参照）を提出し、所轄税務署長の承認を受けた場合には、判決の確定の日など一定の日の翌日から4か月以内に分割されたときに、これらの特例の適用を受けることができます。この場合も、分割が行われた日の翌日から4か月以内に「更正の請求」を行います）。

相続の開始
父の相続発生後、子供である私は、相続について何から始めたらよいですか。

法務のポイント

被相続人の遺言の有無、法定相続人が誰かの確認を行いましょう。平行して、被相続人の遺産の内容（資産及び負債）を調べましょう。

税務のポイント

被相続人に係る準確定申告と相続税の申告の必要の有無について検討を要します。

法務の解説

1 相続の開始

　被相続人の死亡と同時に相続が開始し、相続人は、一身専属性のあるもの（例えば、委任契約上の委任者・受任者の地位、著作者人格権、扶養請求権等）を除き、被相続人の財産に属した一切の権利義務を継承します（民法896条）。遺産の内容（資産及び負債）を調べるとともに以下を行いましょう。

2 遺言の有無の確認

　相続人は、被相続人の遺言があるか否かを確認する必要があります。
　遺言がある場合は、その遺言の記載に従って相続ないし遺贈が行われることが遺言者の意思に沿うものとなります（相続人の遺留分が侵害されている場合については、Q44参照）。なお、遺言とは、遺言者が意思能力のある時点で民法に定める要式に従って作成された遺言を意味します。
　遺言がない場合、民法上、法定相続人の法定相続分が定められてます

が、法定相続人全員で遺産分割協議を行い、どのように遺産を分けるかを話合いで自由に決めることになります。民法第906条は、「遺産の分割は、遺産に属する物又は権利の種類及び性質、各相続人の年齢、職業、心身の状態及び生活の状況その他一切の事情を考慮してこれをする。」と定めており、このような一切の事情を考慮して、分割協議を行いましょう（Q15参照）。その際、実質的公平を図るため、特別受益、相続財産の維持・増加に関する寄与についても考慮するとよいでしょう。

③ 法定相続人の確認

(1)法定相続人が誰かの確認方法

　並行して、被相続人の法定相続人が誰かを正確に確認することが必要です。遺産分割協議は法定相続人全員で行う必要があり、被相続人の出生から死亡までの連続した戸籍謄本・除籍謄本ならびに各相続人の戸籍謄本を漏れなく用意しましょう。これらが手元に揃っていればよいですが、死亡時の除籍謄本から遡って取り寄せるとなると、物理的に時間がかかることがあります。

　法定相続人が誰か、家族間で当然のこととしてわかっていることが多いといえますが、戸籍を見て初めてわかる、という例もあります。例えば、Aさんが再婚し、その再婚相手Bさんに連れ子Cがいた場合、その後、AさんとBさんの婚姻中にDやEが生まれ、CとD、Eが3人兄弟として育てられた実態があったとしても、Aさんと養子縁組していないCは、Aさんの法定相続人ではありません。

(2)法定相続情報証明制度

　預貯金の相続手続、不動産登記等、法定相続人が誰かを証明するための戸籍・除籍謄本を要する手続は多く、それぞれ複数通用意し、それぞれの相続手続で使うことが多く見られます。

　平成29年5月29日から、全国の登記所（法務局）において、各種相続手

続に利用することができる「法定相続情報証明制度」が始まり、これを利用することも考えられます。

　この法定相続情報証明制度は、管轄の登記所（法務局）に戸籍・除籍謄本一式と相続関係を一覧に表した図（法定相続情報一覧図）を提出すると、登記官がその一覧図に認証文を付した写しを無料で交付し、その後の相続手続では、この法定相続情報一覧図の写しを利用することで戸籍・除籍謄本等一式を出し直す必要がなくなる、というものです。この制度の利用の申出手続については、法務局に確認してください。

●━━━━━━━ 税務の解説 ━━━━━━━●

 準確定申告（所得税）

(1) 準確定申告とは

　所得税は、毎年1月1日から12月31日までに生じた所得について、翌年の2月16日から3月15日までに計算し申告と納税をします。しかし、納税者が年の途中で死亡した場合や、翌年の1月1日から確定申告期限までの間に、確定申告書を提出しないで死亡した場合には、納税者の相続人が、相続の開始があったことを知った日の翌日から4か月以内に、被相続人に係る準確定申告書を被相続人の住所地の所轄税務署に提出し納税することになっています。これが「準確定申告」です。例えば、7月10日に死亡した場合の準確定申告の申告期限は、4か月目の応当日である11月10日です。

　準確定申告書には、各相続人の氏名及び住所等を記載した「死亡した者の所得税及び復興特別所得税の確定申告書付表（兼相続人の代表者指定届出書）」を添付します。

　なお、医療費控除等で被相続人の所得税の還付が見込まれる場合も、還付申告をすることができ、この場合の期限は、翌年の1月1日から5年以内となります。

被相続人に相続人（包括受遺者を含みます）がいないケースや、相続人全員が相続放棄したケースでは、相続人が不存在となるため、国税通則法第5条の規定により納税義務を承継することとされている相続財産法人（Q20参照）が、相続財産管理人が確定した日の翌日から4か月を経過した日の前日までに準確定申告の手続をすることになります。

また準確定申告によって課税される所得税は相続税の債務控除の対象になり、還付金（還付加算金は、相続人の所得税（雑所得）の対象となり、相続税の課税価格には算入されません）は、相続税の課税価格に算入されます。

(2) 準確定申告における所得控除

準確定申告における社会保険料控除や医療費控除等は、その年の1月1日から死亡した日までに被相続人が支払った金額を基に計算します。相続人が死亡後に支払った被相続人の医療費等は、被相続人の医療費ではありますが、準確定申告の対象ではなく、相続人が被相続人と生計を一にしていれば、相続人自身の確定申告における医療費控除の対象です。また、死亡後に支払った被相続人の医療費等は、相続税の債務控除の対象にもなります。

被相続人の配偶者や親族が、準確定申告における配偶者控除や扶養控除の対象になるかどうかについては、まず、死亡時点で生計を一にしている親族関係にあったかどうかを判定しますが、配偶者や親族等の所得に関しては、死亡の時点で見積もったその年の12月31日までの合計所得金額によって判定することとされています。ただし、死亡時に予想されなかった偶発的な所得が死亡後に発生することになった場合、死亡時点で合理的に見積りをした合計所得金額である限り、扶養の判定等に影響を与えないとされています。

なお、死亡した者自身が配偶者控除の対象になるか否かについての合計所得金額の判定は、上記とは異なり、配偶者のその年の1月1日から死亡日までの間の合計所得金額で行います。

2 準確定申告（消費税）

　被相続人が消費税の課税事業者であった場合は、その年の1月1日から死亡した日までの期間について、被相続人の相続人は相続の開始があったことを知った日の翌日から4か月以内に、消費税の準確定申告書を被相続人の住所地の所轄税務署に提出し納税する必要があります。消費税の準確定申告書には「死亡した事業者の消費税及び地方消費税の確定申告明細書」を添付します。

　なお、準確定申告によって課税される消費税は相続税の債務控除の対象になり、還付金（還付加算金は前ページ同様）は相続税の課税価格に算入されます。

3 その他の手続

① 被相続人に係る届出

　被相続人が事業（不動産貸付けを含みます）を行っていた場合は、所轄の税務署に次の届出書を提出する必要があります（主なもの）。

　　・個人事業の廃業等届出書：1か月以内

　　・個人事業者の死亡届出書（消費税関係）：すみやかに

② 相続人に係る届出

　被相続人から事業を承継した相続人は、必要に応じ次の届出書等を提出します。

　　・個人事業の開業等届出書：1か月以内

　　・所得税の青色申告承認申請書

　　　ア）被相続人が青色申告者だった場合

相続開始日	提出期限
1月1日〜8月31日	相続開始日から4か月以内
9月1日〜10月31日	その年の12月31日まで
11月1日〜12月31日	翌年2月15日まで

イ）被相続人が白色申告者だった場合

　青色申告をする年の3月15日まで（1月16日以後の相続の場合は、相続開始日から2か月以内）

・青色事業専従者給与に関する届出書：青色事業専従者給与で経費に算入する年の3月15日まで（1月16日以後の相続の場合は、相続開始日または専従者がいることになった日から2か月以内）

・消費税課税事業者届出書：すみやかに

・消費税課税事業者選択届出書：その年の12月31日まで。ただし、12月中に相続が発生した場合は、特例により2月末まで。

・消費税簡易課税制度選択届出書：簡易課税制度を選択していた被相続人の死亡により課税事業者となった相続人の提出期限は、その年の12月31日まで。ただし、12月中に相続が発生した場合は特例により2月末まで。

③ 相続（包括遺贈を含みます）によって、免税事業者である相続人の事業を承継した場合の消費税の納税義務の判定

　・相続のあった年…被相続人の基準期間（2年前）における課税売上高で判定（1,000万円超）

　なお、相続財産が未分割の場合は、法定相続分に応じた課税売上高で判定（なお、大阪国税局の文書回答により、相続があった年に遺産分割協議が成立した場合でも、法定相続分に応じた課税売上高で判定しても差し支えない旨、明らかにされています）。

　・相続のあった年の翌年と翌々年…被相続人と相続人の基準期間における課税売上高の合計で判定

　　※特定遺贈や死因贈与による承継の場合は、受遺者の基準期間における課税売上高だけで判定する。

4 相続税の申告

(1)相続税の納税義務

　被相続人の相続財産に係る課税価格の合計額が基礎控除額（3,000万円＋600万円×法定相続人の数）を超えた場合は、相続の開始があったことを知った日（この期間内に国内に住所及び居所を有しないこととなるときは、その住所及び居所を有しないこととなる日まで）の翌日から10か月以内に被相続人の住所地の所轄税務署に相続税の申告納税をしなければなりません。この期限は、たとえ相続財産が確定しない場合でも延長されません。また、課税価格の合計額が計算の結果、基礎控除額以下であったとしても、配偶者の税額軽減の特例や小規模宅地等の特例を適用する場合には、申告書の提出を要します（Q7参照）。

(2)基礎控除

　基礎控除額の計算における「法定相続人の数」は、相続を放棄した者があるときは、その放棄がなかったものとして計算します。また養子がある場合の「法定相続人の数」に含める養子の数には次の制限があります。

　⇨被相続人に実子がある場合…1人まで

　⇨被相続人に実子がない場合…2人まで

なお、次のいずれかに該当する者は、実子とみなすこととされ、法定相続人の数に含まれます（養子の数の制限はありません）。

　・特別養子縁組による養子となった者

　・被相続人の配偶者の実子で被相続人の養子となった者

　・被相続人との婚姻前に被相続人の配偶者の特別養子縁組による養子となった者で、その婚姻後に被相続人の養子となった者

　・被相続人の実子もしくは養子または直系卑属が相続開始前に死亡し、または相続権を失ったため相続人となったその者の直系卑属

また、相続人が兄弟姉妹で、その中に被相続人の親の養子が含まれてい

ても、被相続人の養子には該当しませんので、養子の数の制限にはかかりません。

(3)相続税の計算方法

相続税の計算は、具体的には以下のように行います。

① 相続税の課税価格を計算します。

相続開始時の「相続財産」に、死亡保険金等の「みなし相続財産」[※]と「3年以内の贈与財産」及び相続時精算課税制度の利用によって贈与された財産を加算し、非課税財産や債務・葬式費用等を控除します。小規模宅地等の特例の適用による減額分も差し引き、課税価格の合計額を計算します。

② 課税遺産総額を計算します。

上記①から基礎控除額（3,000万円＋600万円×法定相続人の数）を差し引きます。

③ 課税遺産総額を各相続人が法定相続分で分けたと仮定した場合の相続税を計算します。

[※]相続人が受け取った生命保険金や死亡退職金のうち、「500万円×法定相続人の数」で計算される額は相続税の課税価格には算入されません（非課税）。この場合の法定相続人の数は上記(2)と同様です。
なお、相続を放棄した者自身には非課税の適用は受けられません。しかし、非課税枠の計算とは関係なく生命保険金等を受け取った被相続人の養子（相続を放棄した者を除きます）については、養子の数に関わらず、その全員が非課税の適用を受けることができます。

④ 各人の相続税を合計し相続税の総額を計算します。

⑤ 実際に取得した財産の割合で相続税の総額を按分します。

⑥ 相続税の2割加算、贈与税額控除、配偶者の税額軽減、未成年者控除、障害者控除、相次相続控除等各調整額を加減算して、各人の納付税額を計算します。

【相続税の速算表】（平成 27 年 1 月 1 日以後の場合）

法定相続分に応ずる取得金額	税率	控除額
1,000万円以下	10％	―
3,000万円以下	15％	50万円
5,000万円以下	20％	200万円
1億円以下	30％	700万円
2億円以下	40％	1,700万円
3億円以下	45％	2,700万円
6億円以下	50％	4,200万円
6億円超	55％	7,200万円

※平成26年12月31日以前に相続が開始した場合の相続税の税率は上記と異なります。

コラム
相続税の納付

　相続税の納付は、申告書の提出期限までに金銭で一括納付が原則ですが、特例として延納と物納が認められています。ただし、延納や物納は、金銭納付を困難とする事由がある場合に限り一定の要件のもとで認められるもので、金銭一括納付との選択ができるわけではありません。利子税の負担もありますので、金融機関からの借入れによる金銭一括納付のほうが結果的に手軽なうえ、費用の負担も少なかったということもあります。比較検討する価値はあるでしょう。

遺言書の探索
死亡した父親の遺言書があるかどうかわかりません。どうすればよいですか。

法務のポイント

被相続人は作成した遺言書を自宅や銀行の貸金庫に保管していたり、相続人または遺言執行者に指定した人等に預けている可能性があります。公正証書遺言の有無は、被相続人の死後、必要書類を添えて公証役場に確認することが可能です。なお、平成30年に成立した「法務局における遺言書の保管等に関する法律」により、自筆証書遺言の遺言書について、法務局へ保管する制度が創設されましたので、この制度の施行後（令和2年7月10日）であれば、法務局に保管されている可能性もあります。

税務のポイント

遺言があり、それに従って遺産を取得することになれば、相続税の申告手続も、より早く着手することが可能になります。納税資金の準備にも十分な時間を割くことができるでしょう。ただし、遺言作成に当たっては税負担も考慮しましょう。

法務の解説

1 遺言の有無

被相続人と身近に接していた親族は、被相続人の生前の暮らしぶりや言動から、遺言があるかどうか事前に聞いていたり、予想がつくケースも多いと思われます。

しかし、被相続人の死後、遺言が存在するか否かわからない場合には、ひ

とまず自宅や銀行の貸金庫等をひととおり探し、他の相続人等にも当たってみましょう。

内容が抵触する遺言が複数見つかった場合についてはQ5を参照してください。

② 公正証書遺言

(1) 公証役場への照会

公正証書遺言を探すには、公証役場に照会する方法があります。上記**1**記載のように一応探してみたが遺言が見つからなかった場合や、遺言書が見つかったが日付の新しい遺言書を新たに作成していないか確認したい場合等に、この照会方法を利用しましょう。

昭和64年（1989年）1月1日以降に作成された公正証書遺言については、全国的に、公正証書遺言を作成した公証役場名、公証人名、遺言者名、作成年月日等がデータベース化されており、相続人、受遺者、遺言執行者等の法律上の利害関係を有する者は、この遺言検索システムを利用してどの公証役場でも公正証書遺言の有無を調べることが可能です。遺言者以外の者が調査を行う場合、遺言者の死後でなければ調査はできず、遺言者の除籍謄本、遺言者との法律上の利害関係を証する資料、身分証明書が必要です。必要書類や申請手続は、事前に公証役場に確認してください。

なお、昭和63年以前に作成された公正証書遺言の有無については、作成した公証役場においてのみ調査可能です。

また、公正証書遺言の謄本の発行を受けるには、謄本発行の手続が必要であり、昭和64年以降の公正証書遺言についても作成した公証役場でのみ発行が可能です。平成31年4月1日から、最寄りの公証役場で手続を行って、遠隔地の公証役場が保管する遺言公正証書を郵送で取り寄せることができるようになりました。

(2)遺言執行者からの通知

遺言において遺言執行者が指定されている場合には、遺言執行者からの通知により、相続人や受遺者が遺言の存在及び内容を知る場合も多いと思います。

遺言執行者が保管していた公正証書遺言よりも日付の新しい遺言が作成された可能性が疑われる場合には、上記(1)の照会の利用が考えられます。

3 自筆証書遺言

(1)下記(2)の新制度創設前の取扱い

自筆遺言の場合は、自宅や銀行の貸金庫で保管されていたり、相続人や遺言執行者等に預けられている場合があります。

自筆証書遺言の保管者は、相続の開始を知った後、遅滞なく、家庭裁判所に検認手続を申し立てる必要があります。また、封印のある遺言書は、勝手に開封することはできず、家庭裁判所において、相続人またはその代理人の立会いがなければ開封できません（民法1004条）。検認手続をとらずに遺言執行を行ったり、家庭裁判所外で封印のある自筆証書遺言を開封した者は、5万円以下の過料に処せられます（民法1005条）。

検認申立がなされると、家庭裁判所から、法定相続人全員に検認手続が行われる期日の通知があります。

秘密証書遺言の場合も同様に検認手続が必要です。

(2)自筆証書遺言に係る法務局への保管制度の創設

平成30年7月6日に「法務局における遺言書の保管等に関する法律」が成立しました。

高齢化の進展等の社会経済情勢の変化に鑑み、相続をめぐる紛争を防止するため、法務局において自筆証書遺言の遺言書の保管及び情報の管理を行う制度が創設されるとともに、当該遺言書については、家庭裁判所の検

認が不要となりました。

　この法律は令和2年7月10日に施行されますので、施行後は、遺言者は、所定の手続により、自筆証書遺言の遺言書（無封）を法務局に保管することができ、相続人、受遺者等一定の者は遺言者の死後、法務局に自筆証書遺言の遺言書情報を照会することができるようになります。

(3)自筆証書遺言の方式緩和

　これまでは、自筆証書遺言は財産目録を含めて全文を自書する必要がありましたが、平成30年の民法等の改正で、自筆の遺言書にパソコンで作成した目録を添付したり、銀行通帳のコピー、不動産登記事項証明書等を目録として添付することができるようになりました。この場合、添付するものについては各ページに署名・押印が必要です。

　この改正は、平成31年1月13日から施行されており、施行日以後に作成された遺言に適用されます。

● 税務の解説 ●

　相続税の申告は、相続開始があったことを知った日の翌日から10か月以内に行わなくてはなりません。通夜・葬式の後でも、納骨・四十九日等の法事、社会保険（年金・健康保険等）の手続、保険の請求、喪中はがきの手配等々、遺族としてしなければならないことが数多くあり、「気がつくと半年以上が過ぎ、申告期限が迫っていた」、ということも決して珍しいことではありません。

　遺言があるか否かによって、税務上有利になるわけではありませんが、遺言があり、それに従って遺産を取得することになれば、相続税の申告手続も、より早く着手することが可能になります。納税資金の準備にも十分な時間を割くことができるでしょう。

　また、不動産の登記や、預貯金等の名義変更も分割協議を経ることなく行うことができるため、相続人の心と生活の安定をより早く実現させることに繋がるでしょう。そのためには遺言を作成するとともに、その存在につ

いてあらかじめ相続人に知らせておくことが大切です。なお、遺言の内容次第で、相続税の負担が大きく変わる場合がありますので、遺言書を作成する前に相続税の試算をしておくことをお勧めします。

コラム
相続税申告における法定相続情報制度

　従来は、相続税の申告書には、被相続人のすべての相続人を明らかにするため戸籍謄本の添付が必要でした。しかし、法定相続情報制度が発足したことで、平成30年4月1日以後に提出する申告書からは、すべての相続人を明らかにする戸籍の謄本に代えて、次の①または②のいずれかの書類の添付でよいこととされました。

　① 図形式の「法定相続情報一覧図の写し」（コピー機で複写可）

　② すべての相続人を明らかにする戸籍の謄本

　なお、法定相続情報一覧図は、子の続柄が実子または養子のいずれかであるかがわかるように記載されたものに限り、養子がいる場合にはその養子の謄本または抄本（コピー機で複写可）の添付も必要です。

コラム

相続時精算課税

　相続時精算課税制度は、原則として60歳以上の父母または祖父母から、20歳（民法における成年年齢引下げにより令和4年4月1日より18歳）以上の子または孫に対して、財産を贈与した場合に選択できる制度です。

　贈与者は贈与をした年の1月1日において60歳以上の父母または祖父母、受贈者は贈与を受けた年の1月1日において20歳（同上）以上の者のうち、贈与者の直系卑属である推定相続人または孫となります。

　その贈与税の額は、贈与財産の価額の合計額から、複数年にわたり利用できる特別控除額（限度額2,500万円）を控除した後の金額に、一律20％の税率を乗じて算出します。前年以前において、既にこの特別控除額を控除している場合は、その残額が限度額となります。

　相続時精算課税に係る贈与税額を計算する際には、暦年課税の基礎控除額110万円を控除することはできませんので、贈与を受けた財産が110万円以下であっても贈与税の申告をする必要があります。

　また、この制度の贈与者である父母または祖父母が亡くなったときは、相続財産の価額にこの制度を適用した贈与財産の贈与時の時価を加算して相続税額を計算します。なお、相続時精算課税を適用した受贈者が相続や遺贈により財産を取得していない場合は、相続時精算課税適用財産のみが課税財産となることになりますが、このような人を「特定納税義務者」といいます。

　相続時精算課税を選択しようとする受贈者（子または孫）は、その選択に係る最初の贈与を受けた年の翌年2月1日から3月15日までの間に納税地の所轄税務署長に対して「相続時精算課税選択届出書」を受贈者の住民票の写しなどの一定の書類とともに贈与税の申告書に添付して提出する必要があります（令和2年1月1日以後に取得する財産に係る相続時精算課税選択届出書には、住民票の写し等の添付を要しないこととされます（平成31年度税制改正））。

　相続時精算課税は、受贈者が贈与者ごとに選択できますが、いったん選択すると選択した年以後贈与者が亡くなるときまで継続して適用され、暦年課税に変更することはできません。

なお、平成 31 年度税制改正で創設された「個人事業者の事業用資産に係る相続税・贈与税の納税猶予制度」では、認定受贈者が贈与者の直系卑属である推定相続人以外の者であっても、その贈与者がその年の 1 月 1 日において 60 歳以上である場合には、相続時精算課税の適用を受けることができるようになりました。

複数ある遺言
父の遺言が2通出てきましたが、2通のうちどちらに従ったらよいでしょうか。

法務のポイント

複数ある遺言書について、内容に矛盾がある部分については、後の日付の遺言によって前の日付の遺言は撤回されたとみなされますので、後の遺言に従う必要があります。矛盾のない部分については、前の日付の遺言が生きています。

税務のポイント

上記に従って確認した遺言者の取扱いはQ4を参照してください。

● 法務の解説 ●

1 撤回の自由

遺言者は、いつでも、遺言の方式に従って、その遺言の全部または一部を撤回することができます。

2 遺言書の内容の抵触

例えば、遺言書が2通あり、1通には、「自宅不動産を長男に相続させる」、とあり、もう1通には、「自宅不動産を次男に相続させる」、とあったとします。

このように、内容が矛盾する遺言がある場合、その矛盾する部分については、日付が新しいほうの遺言によって前の日付の遺言は撤回されたものとみなされます。

したがって、上記の例では、どちらの遺言の作成年月日が新しいのかを確

認し、その矛盾する部分については、前の日付の遺言が撤回されたとみなされるため、新しい日付の遺言に従う必要があります。

　後の遺言と矛盾しない部分については、前の遺言がそのまま生きることになります。なお、遺言者が遺言を撤回する際は、実務上、疑義を残さないよう前の遺言はすべて撤回し、新たに遺言を作成し直す場合が多いといえます。

　内容に矛盾があるか否かの判断に当たって、不明の場合は弁護士に相談してください。

③ 撤回された遺言の効力

　一度撤回された遺言は、その撤回の行為が取り消され、または効力を生じなくなるに至ったときであっても、その効力を回復しません。ただし、その撤回行為が、詐欺または強迫による場合は、その効力を回復します。

税務の解説

　Q4と同様なので、40ページを参照してください。

認知症の人の遺言
被相続人の遺言が存在しますが、遺言作成当時、遺言者は、既に認知症のため成年後見人が選任されている状態でした。この遺言は無効でしょうか？

法務のポイント
遺言者が遺言当時、事理を弁識する能力を一時回復していたか、また、成年被後見人の遺言の要式を満たしていたかがポイントになります。

税務のポイント
有効か無効かの判断に相当な日数がかかり、相続税の申告期限までに分割が確定しない場合は、未分割として法定相続分で申告する必要があります。未分割による申告については、Q9 の 税務の解説 2 を参照してください。

法務の解説

1 遺言の有効性

(1)遺言能力

遺言をするときにおいて、遺言者は遺言を行う能力を有していることが必要です（民法963条）。

もっとも、遺言能力は、高度な判断能力が必要というわけではなく、意思能力があればよいといわれています。従前から、法律行為の当事者が意思表示をしたときに意思能力を有しなかったときは、その法律行為は無効であるとされてきましたが、平成29年の民法改正で明文化されました（令和2年4月1日施行の民法3条の2）。

(2)成年被後見人の場合

　成年被後見人(認知症のために成年後見人が選任されている方)の遺言の方式は、民法第973条に特則があり、以下のすべての要件を満たす必要があります。

① 　成年被後見人が事理を弁識する能力(判断能力)を一時回復したときにおいて遺言をすること

② 　医師2人以上の立会いがあること

③ 　遺言に立ち会った医師は、遺言者が遺言をするときにおいて精神上の障害により事理を弁識する能力を欠く状態になかった旨を遺言書に付記して、これに署名押印を行うこと (ただし秘密証書遺言ではその封紙にその旨の記載をし、署名押印を行う)

❷ 上記1(2)の要件へのあてはめ

　上記1(2)のとおり、成年被後見人であっても、遺言ができる場合が認められていますので、具体的事案ごとに、上記1(2)の要件が満たされているかを検討することになります。

　もし、当該遺言が、上記1(2)の要件をすべて満たしていれば、遺言は有効です。

　これに対し、当該遺言が上記1(2)の②及び③の要件を一つでも満たしていなければ、要式行為の適式性を欠いており、遺言は無効となります。

　また、上記1(2)の①の要件を満たしていなければ無効ですが、事理を弁識する能力を一時回復したときであったのかどうか、という極めて実体的な判断が必要です。

　成年被後見人の遺言の方式 (自筆証書遺言、公正証書遺言、秘密証書遺言)については法文上の制約はありませんが、後日、効力を争われる場合に備え、公正証書遺言が作成される場合が多いと思われます。

　もっとも、公正証書遺言が作成されていたとしても、作成当時の判断能力との関係から、遺言の効力を争われ、遺言が無効と判断される事例もあります。

作成当時の判断能力について、どれだけの立証資料があるかが重要であり、個別具体的な事情の調査及び分析が必要な場面ですので、弁護士に法的助言を求める局面であるといえます。

● 税務の解説 ●

本件のように、遺言の有効性が問われ、相続税の申告期限までに分割が確定しない場合には、法定相続分で取得したものとして申告する必要があります。未分割による申告については、Q9 の 税務の解説 **2** を参照してください。

遺言と異なる遺産分割
被相続人の有効な遺言がありますが、遺言の記載と異なった分け方をしたいと考えています。これは可能でしょうか。

法務のポイント
遺言と異なる遺産分割をすることについては、被相続人が遺言で禁じていないことのほか、相続人全員の同意が必要であり、また、受遺者がいる場合は受遺者の同意も必要です。また、遺言執行者の同意も得ておきましょう。

税務のポイント
合意した遺産分割の内容に従って、課税価格を計算します。遺言を作成する際は、受遺者の税負担にも配慮することが望ましいといえます。

法務の解説

1 遺言と異なる遺産分割

(1)遺言と異なる遺産分割を行うには

例えば、遺言が作成された時点から相続人それぞれの暮らしぶりが変わり、長男にA不動産を、次男に預貯金と有価証券を相続させるとした遺言について、実際には長男は遠方に定住する関係で不動産は不要、預金だけ分けてほしい等、様々なケースがあり得ます。

被相続人が遺言で遺産分割を禁じていない場合であって（民法907条1項）、相続人全員の同意があり、かつ、次の点をクリアする場合は、遺言書の内容と異なった遺産分割をすることが可能と解されます。

遺言書に受遺者への遺贈が記載されている場合、これと異なる遺産分割

協議を行うには当然ながら遺贈の放棄を行うことについて受遺者の同意が必要です。また、遺言執行者がいる場合は遺言執行者の同意も得ましょう。

これらの対応は弁護士へ相談することが望ましいでしょう。

(2)特定財産承継遺言と異なる遺産分割

例えば、被相続人の法定相続人が長男と次男であり、「不動産Aを次男に相続させる」旨の遺言がある事案において、遺産の分割協議に際し不動産Aを長男が相続することになった場合、不動産Aは被相続人の相続開始時に次男が取得したうえで、長男・次男間の分割協議で交換または贈与により所有権が移転することになると解されます。

この場合の登記手続については、いったん次男に相続を原因とする登記を行い、次に、長男に交換または贈与を原因とする登記を行う必要があります。

② 参考となる判決例

すべてを妻に相続させる旨の遺言と異なる遺産分割協議を被相続人の法定相続人である妻、長女、長男で行ったところ、後になって、長男が遺産分割協議の成立を争った事例があります（東京地方裁判所平成26年11月4日判決・公刊物未登載、判例秘書掲載）。この事案では、長男も被相続人の遺産から現金1,000万円を取得したことを認めている事実や、長女が取得した不動産の登記について長男が更正登記を求めた事実がない等から、遺言と異なる遺産分割協議があったと推認されました。

トラブルを避けるためにも、遺産分割協議書へは自署を求め、相続人自身により実印を押印してもらいましょう。また、他の相続人の実印を預かって押印するといった方法をとるのはやめましょう。

税務の解説

相続人全員の合意で遺言書の内容と異なった遺産分割をしたときには、その内容によって各人の相続税の課税価格を算出します。この場合、もともとの遺言の受遺者から他の相続人に対して贈与があったものとされることは原則としてありません。

実務上、遺言と異なる遺産分割を望むことになる要因が相続税の負担であることが少なくありません。

特に相続税における「小規模宅地等の特例」は、適用を受けられる人が限定されているため、要件を満たさない相続人が遺言で指定されていた場合、全体の課税価格に大きな差が生じ、各人の納税額に影響します。

また、「配偶者の税額軽減の特例」の適用範囲（配偶者の取得割合）についても、二次相続の税負担まで考慮すると、遺言とは異なる分割のほうが税負担が少ないと気がつくこともあります。

遺言を生かすためにも、遺言とセットで事前に相続税の試算を行うとよいのではないでしょうか。

1 特例の概要

(1)小規模宅地等の特例

個人が、相続または遺贈により取得した財産のうち、その相続の開始の直前において被相続人等の事業の用に供されていた宅地等または被相続人等の居住の用に供されていた宅地等のうち、限度面積までの部分（以下「小規模宅地等」といいます）については、相続税の課税価格の計算上、一定の割合を減額します。この特例を、小規模宅地等についての相続税の課税価格の計算の特例といいます。

被相続人が老人ホーム等に入っていて実際には自宅に居住していない、という状況でこの特例の適用ができるか否かについては、近年の税制改正により、下記のような理由で相続開始の直前において被相続人の居住の用に供されていなかった場合は、他の要件を満たす限り特例の適用が可能と

されています。ただし、相続人の居住の用に供さなくなった後に事業の用または被相続人等以外の者の居住の用とした場合を除きます。

イ　要介護認定または要支援認定を受けていた被相続人が次の住居または施設に入居または入所していたこと

　　A　認知症対応型老人共同生活援助事業が行われる住居、養護老人ホーム、特別養護老人ホーム、軽費老人ホームまたは有料老人ホーム

　　B　介護老人保健施設

　　C　サービス付き高齢者向け住宅

　　D　介護医療院（平成30年4月1日以後の相続または遺贈から）

ロ　障害支援区分の認定を受けていた被相続人が障害者支援施設などに入所または入居していたこと

① 減額される割合等

相続開始の直前における宅地等の利用区分			要　件	限度面積	減額される割合
被相続人等の事業の用に供されていた宅地等	貸付事業以外の事業用の宅地等		特定事業用宅地等に該当する宅地等	400㎡	80％
	貸付事業用の宅地等	一定の法人に貸し付けられ、その法人の事業（貸付事業を除く）用の宅地等	特定同族会社事業用宅地等に該当する宅地等	400㎡	80％
			貸付事業用宅地等に該当する宅地等	200㎡	50％
		一定の法人に貸し付けられ、その法人の貸付事業用の宅地等	貸付事業用宅地等に該当する宅地等	200㎡	50％
		被相続人等の貸付事業用の宅地等	貸付事業用宅地等に該当する宅地等	200㎡	50％
被相続人等の居住の用に供されていた宅地等			特定居住用宅地等に該当する宅地等	330㎡	80％

　この改正は平成30年4月1日以後、相続開始前3年以内に新たに貸付事業の用に供されたものは除かれます（ただし、相続開始の日まで3年を超えて引き続き事業と称することができる規模での貸付事業を行っていた場合を除きます）。た

だし、平成 30 年 4 月 1 日から令和 3 年 3 月 31 日までの間に相続または遺贈により取得した宅地等のうち平成 30 年 3 月 31 日以前から貸付事業の用に供されている宅地等については 3 年以内貸付宅地等には該当しないとする経過措置があります。

② 特例の対象となる宅地等

【特定事業用宅地等の要件】

区　分		特例の適用要件
被相続人の事業の用に供されていた宅地等	事業承継要件	その宅地等の上で営まれていた被相続人の事業を相続税の申告期限までに引き継ぎ、かつ、その申告期限までその事業を営んでいること。
	保有継続要件	その宅地等を相続税の申告期限まで有していること。
被相続人と生計を一にしていた被相続人の親族の事業の用に供されていた宅地等	事業承継要件	相続開始の直前から相続税の申告期限まで、その宅地等の上で事業を営んでいること。
	保有継続要件	その宅地等を相続税の申告期限まで有していること。

　平成 31 年度税制改正により、特定事業用宅地等の範囲から、平成 31 年 4 月 1 日以後相続開始前 3 年以内に新たに事業の用に供された宅地等が除外されます。ただし、特定事業用宅地等の上で事業の用に供されている減価償却資産の価額の合計額が、その宅地等の相続時の価額の 15％以上である場合は従来どおり小規模宅地等の特例が適用されます。

　この改正は、平成 31 年 4 月 1 日以後の相続等から適用されますが、同日前から事業の用に供されている宅地等については適用されません。

　なお、この特定事業用宅地等の小規模宅地等の特例は、個人事業者の事業用資産に係る納税猶予制度との選択適用となります。

【特定居住用宅地等の要件】

区　分	特例の適用要件	
	取　得　者	取得者等ごとの要件
被相続人の居住の用に供されていた宅地等	被相続人の配偶者	「取得者ごとの要件」はありません。
	被相続人と同居していた親族	相続開始の直前から相続税の申告期限まで、引き続きその家屋に居住し、かつ、その宅地等を相続税の申告期限まで有している人。
	被相続人と同居していない親族	①から③のすべてに該当する場合で、かつ、次の④から⑥の要件を満たす人 ①　相続開始の時において、被相続人が一時居住被相続人、非居住被相続人または非居住外国人であり、かつ、取得者が一時居住者または日本国籍及び日本国内に住所を有していない人ではないこと。 ②　被相続人に配偶者がいないこと。 ③　相続開始の直前において被相続人の居住の用に供されていた家屋に居住していた親族でその被相続人の相続人（相続の放棄があった場合には、その放棄がなかったものとした場合の相続人）がいないこと。 ④　相続開始前3年以内に日本国内にあるその人、その人の配偶者、三親等内の親族またはその人と特別の関係にある法人の所有する家屋（相続開始の直前において被相続人の居住の用に供されていた家屋を除きます）に居住したことがないこと。 ⑤　被相続人の相続開始時にその親族が居住している家屋を所有したことがないこと。 ⑥　その宅地等を相続税の申告期限まで有していること。 （※）下線の改正は、経過措置により令和2年4月1日以後の相続または遺贈により取得する宅地等に適用。
被相続人と生計を一にする被相続人の親族の居住の用に供されていた宅地等	被相続人の配偶者	「取得者ごとの要件」はありません。
	被相続人と生計を一にしていた親族	相続開始前から相続税の申告期限まで引き続きその家屋に居住し、かつ、その宅地等を相続税の申告期限まで有していること。

【特定同族会社事業用宅地等】

区　分		特例の適用要件
一定の法人の事業の用に供されていた宅地等	法人役員要件	相続税の申告期限においてその法人の役員（法人税法第2条第15号に規定する役員（清算人を除きます）をいいます）であること。
	保有継続要件	その宅地等を相続税の申告期限まで有していること。

【貸付事業用宅地等の要件】

区　分		特例の適用要件
被相続人の貸付事業の用に供されていた宅地等	事業承継要件	その宅地等に係る被相続人の貸付事業を相続税の申告期限までに引き継ぎ、かつ、その申告期限までその貸付事業を行っていること。
	保有継続要件	その宅地等を相続税の申告期限まで有していること。
被相続人と生計を一にしていた被相続人の親族の貸付事業の用に供されていた宅地等	事業継続要件	相続開始前から相続税の申告期限まで、その宅地等に係る貸付事業を行っていること。
	保有継続要件	その宅地等を相続税の申告期限まで有していること。

(2)配偶者の税額軽減の特例

　配偶者の税額軽減の特例とは、配偶者が相続または遺贈により実際に取得した財産額が法定相続分（相続の放棄があった場合でもその放棄がなかったものとした場合の相続分）か1億6,000万円のいずれか多い金額までは配偶者に相続税がかからないという制度です。

$$\text{配偶者の税額軽減額} = \text{相続税の総額} \times \cfrac{\begin{cases} \text{いずれか} \\ \text{少ない方} \end{cases} \begin{cases} \text{いずれか} \\ \text{多い方} \end{cases} \begin{cases} \text{課税価格の合計額} \\ \times \text{配偶者の法定相続分} \\ \text{1億6,000万円} \end{cases} \\ \text{配偶者の取得額}}{\text{課税価格の合計額}}$$

(3)特例適用の要件

　(1)、(2)の特例は、相続税の申告期限までに相続財産が分割されていることが適用の要件となります。申告期限までに分割ができない場合には、「申告期限後3年以内の分割見込書」(66ページ参照)に分割されていない理由や分割見込みの詳細を記載して、被相続人の相続開始時の住所地を所轄する税務署に相続税の申告書とともに提出することで、適用を受けることができます。さらに申告期限後3年以内に、訴えの提起がなされている等、やむを得ない事由により分割できなかった場合には、申告期限後3年を経過する日の翌日から2か月を経過する日までに「遺産が未分割であることについてやむを得ない事由がある旨の承認申請書」(67ページ参照)をその理由及び理由に応じた書類を添付して提出することで伸長することが可能です。期限内に分割ができず伸長の手続をした場合には、分割が行われた日の翌日から4か月以内に更正の請求をすることができます。

コラム
やむを得ない事情

「相続又は遺贈に係る財産が当該相続又は遺贈に係る申告期限の翌日から3年を経過する日までに分割されなかったこと及び当該財産の分割が遅延したことにつき税務署長においてやむを得ない事情があると認める場合」とは、次に掲げるような事情により客観的に遺産分割ができないと認められる場合をいうものとされています（相続税法基本通達19の2−15）。

(1) 当該申告期限の翌日から3年を経過する日において、共同相続人または包括受遺者の一人または数人が行方不明または生死不明であり、かつ、その者に係る財産管理人が選任されていない場合

(2) 当該申告期限の翌日から3年を経過する日において、共同相続人または包括受遺者の一人または数人が精神または身体の重度の障害疾病のため加療中である場合

(3) 当該申告期限の翌日から3年を経過する日前において、共同相続人または包括受遺者の一人または数人が相続税法施行地外にある事務所もしくは事業所等に勤務している場合または長期間の航海、遠洋漁業等に従事している場合において、その職務の内容などに照らして、当該申告期限の翌日から3年を経過する日までに帰国できないとき

(4) 当該申告期限の翌日から3年を経過する日において、相続税法施行令第4条の2第1項第1号から第3号までに掲げる事情または(1)から(3)までに掲げる事情があった場合において、当該申告期限の翌日から3年を経過する日後にその事情が消滅し、かつ、その事情の消滅前または消滅後新たに同項第1号から第3号までに掲げる事情または(1)から(3)までに掲げる事情が生じたとき

遺言執行者が執務できない場合

亡父の遺言書で指定されていた遺言執行者が、既に死亡していたことが判明しました。また、亡母の遺言書で指定されていた遺言執行者が高齢で認知症になり、施設に入っていることがわかりました。
いずれもどうしたらよいでしょうか？

法務のポイント

遺言執行者がなくなったときは、利害関係人の請求によって、家庭裁判所が選任することができます。

遺言執行者に指定された人が認知症である場合も職務遂行不能です。上記に準じて、利害関係人の請求により家庭裁判所に選任してもらうことが考えられます。

前提として、遺言の内容は、遺言執行者を必要とする内容なのか等を確認してください。

税務のポイント

遺言執行者が認知症等によりその職務を執行できない場合でも、遺言どおりに相続財産を分割したものとして相続税の申告を行うべきものと考えられます。

法務の解説

1 遺言執行者がなくなったとき

遺言執行者がいないときまたはなくなったときは、利害関係人の請求によって、家庭裁判所は遺言執行者を選任することができます。

ここでいう「なくなったとき」とは死亡した場合のほか、失踪宣告を受けた、行方不明、解任、辞任で不在となった場合や、欠格事由である破産者も含まれます。また、未成年者も遺言執行者の資格はありません。

2 遺言執行者として指定された者が認知症となっていた場合

遺言執行者として指定された者が認知症になった場合は、これと同様の手続をとることになるのかは、民法上、必ずしも明らかではありませんが、利害関係人から上記 **1** と同様の選任申立を行うことが考えられます。

3 遺言執行者が必要な場合

遺言執行者でなければ執行できない遺言は、以下のとおりです。
① 推定相続人の廃除
② 推定相続人の廃除の取消し
③ 認知
④ 一般財団法人の設立

4 遺言執行者を置くことのメリット

上記 **3** の内容を含んでおらず、遺言のすべてにわたって相続人自身で遺言内容を実現できる場合には、遺言執行者を選任する必要は必ずしもありません。

しかしながら、具体的事案において、遺言執行者が職務を行うほうが円滑に遺言の内容が実現できるなど、様々な考慮のもとで、遺言執行者を選任するメリットが大きい場合があります。

5 遺言執行者の権限

平成30年の民法等改正で、次のように、遺言執行者の権限の明確化が図られました。

① これまでは、遺言執行者は「相続人の法定代理人とみなす」と規定されていましたが、遺言者の意思と相続人の利益が対立する場合にトラブルの原因となっていましたので、改正法では、「遺言執行者は、遺言の内容を実現するため（中略）遺言の執行に必要な一切の行為をする権利義務を有する」と規定した（民法1012条）うえで、遺言執行者の行為

は「相続人に対して直接にその効力を生ずる」と規定されました（民法1015条）。

② 遺言執行者がその任務を開始したときは、「遅滞なく、遺言の内容を相続人に通知しなければならない」旨が規定されました（民法1007条）。

③ 判決が明文化され、遺言執行者がある場合には、「遺贈の履行は、遺言執行者のみが行うことができる」旨が規定されました（民法1012条）。

④ 特定財産承継遺言（いわゆる相続させる旨の遺言）がされた場合には、遺言執行者は、原則として、対抗要件を備えるために必要な行為（不動産の登記など）や預貯金の払戻し・解約の申入れ（解約は当該預貯金の全部が特定財産承継遺言の目的である場合に限る）ができることが規定されました（民法1014条）。

⑤ 遺言執行者は、他の法定代理人と同様の要件で復任権を有することとなりました（民法1016条）。

●━━━ **税務の解説** ━━━●

1 遺言執行者がなくなったとき

遺言執行者が死亡や認知等により、その職務を行うことができない場合でも、遺言に基づいて遺産を分割することを前提に相続税の申告をするべきでしょう（相続人全員の合意により遺産分割協議を行う場合を除きます）。

その際、遺言に遺言執行者でなければ執行できない内容（上記 **法務の解説** 3 参照）が含まれていることにより相続人の特定等ができない事態になった場合は、相続税の申告期限までの状況に応じて申告をし、その後、新たな遺言執行者が選任され、遺言の内容が執行されたところで修正申告または更正の請求をします。

2 相続人の異動があったとき

相続税の申告後に、非嫡出子の認知や相続人の廃除または廃除の取消等で相続人に異動があった場合には、相続税の基礎控除額にも影響するため、

相続税の総額も変動が生じます。

　相続税の申告期限後に認知や廃除の取消等により相続人となった者に相続税の納税義務が発生した場合には期限後申告（または修正申告）を、当初申告した相続税が過大であった場合には更正の請求をすることができます。

遺産の一部についての遺言
有効な遺言がありますが、遺産の一部についてのみの相続が記載されています。その他の遺産については何も決められていません。その他の遺産についてはどうしたらよいでしょうか？

法務のポイント
遺産の一部についてのみの記載であっても、その遺言は有効です。遺言に記載されていないその他の部分は遺産分割協議が必要です。

税務のポイント
遺言と遺産分割協議書の双方に基づいて相続税の申告をします。遺産分割協議が相続税の申告期限までに調わない場合、その遺産は未分割財産として法定相続分で取得したものとして申告する必要があります。未分割の申告では税務上の各種特例が適用できません。

法務の解説

1 遺産の一部についての遺言

例えば、遺言者が長女と同居し、自分の死後、長女の居住権を守るため、その不動産は長女へ相続させる旨の遺言を残し、その他の遺産については触れないことがあります。

また、例えば、事業用の不動産等の遺産を事業承継者に対し相続させるため、その点の遺言を残し、その他の遺産については触れないということもあります。

このように、一部の遺産についてのみ記載した遺言も有効です。

2 その他の遺産について

遺言に記載されていない遺産については、相続人全員による遺産分割協議を行うことが必要です。

━━━━━━━━━━━━━━━━● 税務の解説 ●━━━━━━━━━━━━━━━━

1 遺言と遺産分割協議の双方がある場合

有効な遺言と、遺言に記載のない財産について定めた遺産分割協議書に基づいて相続税の申告を行います。

2 遺産分割協議が申告期限に間に合わない場合

(1)相続税の取扱い

① 未分割による申告

相続税の申告期限までに遺産の全部または一部が未分割である場合には、その分割されていない財産は、相続人が民法第900条（法定相続分）から第903条（特別受益者の相続分）の規定による相続分（寄与分を除きます）または、包括遺贈の割合に従ってその財産を取得したものとして課税価格を計算し、申告期限までに申告と納税をすることとされています。

つまり未分割の場合、特別受益を考慮して課税価格を計算する必要があるということで、特別受益者がいる場合、課税価格や相続税の総額は変わらないものの、各人の相続税の按分において変動が生じることに注意が必要です。

また、債務の負担割合が未確定のときは、民法第900条から第902条（遺言による相続分の指定）までの規定による相続分で配分して債務控除の適用を受けることとして計算します。

この場合、債務控除額が取得財産額を超えるときは、超える部分の金額は他の相続人または包括受遺者の課税価格から控除して申告することがで

きます。

　また、その後、未分割遺産について分割が決定し、当初申告の課税価格と異なることになった場合には、各相続人は、分割された財産に基づいて修正申告または更正の請求をすることができます。

② 未分割の場合に適用できない特例

　申告期限までに遺産が未分割の場合、下記の特例の適用ができません。

　・配偶者の税額軽減の特例（Q7参照）

　・小規模宅地等の特例（Q7参照）

　・特定計画山林についての課税価格の計算の特例

　・農地・非上場株式の納税猶予の特例

　ただし、申告期限において未分割の財産であっても申告期限後3年以内に分割でき、その分割後に更正の請求書を提出して配偶者の税額軽減や小規模宅地等の特例または特定計画山林についての課税価格の計算の特例の規定の適用を受ける予定であるときは、申告書に、その旨、事情及び分割見込みの詳細を記載した「申告期限後3年以内の分割見込書」（66ページ参照）を添付する必要があります。なお、申告期限後3年を経過する日の翌日から2か月以内に「遺産が未分割であることについてやむを得ない事由がある旨の承認申請書」（67ページ参照）を所轄税務署長に提出して承認を受けたときは、分割が行われた日の翌日から4か月以内に更正の請求書を提出し、特例の適用を受けることができます。

　やむを得ない事由とは、申告期限の翌日から3年を経過する日において、その相続または遺贈に関する訴えや和解・調停または審判の申立がされている場合等の他、分割がされなかったことについて税務署長がやむを得ない事情があると認める場合等とされています（57ページ**コラム**参照)。

(2) 所得税の取扱い

　未分割遺産は共同相続人間の共有に属するものとされていることから、そこから生じる所得も各相続人の法定相続分に応じた所得とされます。したがって所得税の申告は、相続分に応じて按分した所得をそれぞれの相続

人が申告することになります。

　その後、未分割状態が解消され、特定の相続人が取得することが確定した場合、その後の申告は、取得した相続人の所得として申告をします。未分割の状況で行われた法定相続分による所得税の申告は、被相続人の死後に発生した財産であり遺産ではないことから、相続開始時に遡及せず、修正申告や更正の請求の対象にはなりません。

申告期限後3年以内の分割見込書

相続税の申告書「第11表（相続税がかかる財産の明細書）」に記載されている財産のうち、まだ分割されていない財産については、申告書の提出期限後3年以内に分割する見込みです。

なお、分割されていない理由及び分割の見込みの詳細は、次のとおりです。

　1　分割されていない理由

　2　分割の見込みの詳細

　3　適用を受けようとする特例等

　⑴　配偶者に対する相続税額の軽減（相続税法第19条の2第1項）

　⑵　小規模宅地等についての相続税の課税価格の計算の特例
　　　（租税特別措置法第69条の4第1項）

　⑶　特定計画山林についての相続税の課税価格の計算の特例
　　　（租税特別措置法第69条の5第1項）

　⑷　特定事業用資産についての相続税の課税価格の計算の特例
　　　（所得税法等の一部を改正する法律（平成21年法律第13号）による
　　　改正前の租税特別措置法第69条の5第1項）

Q09 遺産の一部についての遺言

遺産が未分割であることについてやむを得ない事由がある旨の承認申請書

税務署
受付印

_____年_____月_____日提出

※欄は記入しないでください。

〒
住　所
（居所）　_____

_____税務署長

申請者　氏　名　_____㊞
（電話番号　　　　　−　　　　　−　　　　　）

遺産の分割後、
・配偶者に対する相続税額の軽減（相続税法第19条の2第1項）
・小規模宅地等についての相続税の課税価格の計算の特例
　　　　　　（租税特別措置法第69条の4第1項）
・特定計画山林についての相続税の課税価格の計算の特例
　　　　　　（租税特別措置法第69条の5第1項）
・特定事業用資産についての相続税の課税価格の計算の特例
　（所得税法等の一部を改正する法律（平成21年法律第13号）による改正前の租税特別措置法第69条の5第1項）
の適用を受けたいので、

遺産が未分割であることについて、
・相続税法施行令第4条の2第2項
・租税特別措置法施行令第40条の2第19項又は第21項
・租税特別措置法施行令第40条の2の2第8項又は第10項
・租税特別措置法施行令等の一部を改正する政令（平成21年政令第108号）による改正前の租税特別措置法施行令第40条の2の2第19項又は第22項
に規定する

やむを得ない事由がある旨の承認申請をいたします。

1　被相続人の住所・氏名
　　住　所　_____　氏　名　_____

2　被相続人の相続開始の日　　　　令和_____年_____月_____日

3　相続税の申告書を提出した日　　令和_____年_____月_____日

4　遺産が未分割であることについてのやむを得ない理由
　　_____
　　_____
　　_____
　　_____

（注）やむを得ない事由に応じてこの申請書に添付すべき書類
　①　相続又は遺贈に関し訴えの提起がなされていることを証する書類
　②　相続又は遺贈に関し和解、調停又は審判の申立てがされていることを証する書類
　③　相続又は遺贈に関し遺産分割の禁止、相続の承認若しくは放棄の期間が伸長されていることを証する書類
　④　①から③までの書類以外の書類で財産の分割がされなかった場合におけるその事情の明細を記載した書類

○　相続人等申請者の住所・氏名等

住　所　（　居　所　）	氏　名	続　柄
	㊞	
	㊞	
	㊞	
	㊞	

○　相続人等の代表者の指定　　　代表者の氏名_____

関与税理士		㊞	電話番号	

遺言の対象財産の不存在

亡父の遺産すべてについての遺言があります。その中で、「長女に相続させる」と書かれていたA不動産は、生前、亡父自身によって既に第三者に売却されていました。この場合、どうなるのでしょうか？

法務のポイント

遺言者がA不動産を生前に処分していたということですので、A不動産を長女に相続させる、とした条項は撤回されたものとみなされます。

税務のポイント

無効となった条項以外の内容に基づき、相続税の申告を行います。

法務の解説

1 遺言書に記載のある遺産の処分

遺言者自身が、生前に、遺言に記載した財産を処分してしまっていた場合、当該遺言内容は実現不可能になり、当該遺言の部分については、撤回したものとみなされます（民法1023条）。

それ以外の遺言は有効です。

2 遺留分侵害となる場合

当該財産を相続できなかった者が遺留分権利者（長女は遺留分権利者です）であって、当該財産を相続できないと遺留分を侵害されることになる場合は、法定の期間内に遺留分侵害額請求（令和元年7月1日より前の相続開始の場合は、遺留分減殺請求）が可能です（Q44参照）。

3 遺産分割協議

　長女が遺言の内容に納得できない場合、上記**2**の方法によらず、遺言書に記載された相続人全員（受遺者がいる場合は相続人及び受遺者）の同意が得られれば、相続人全員（包括受遺者がいれば包括受遺者を含みます）で遺産分割協議を行うことも検討の余地があります。遺言内容とも関係しますので法律相続を受けましょう。遺言に遺言執行者の記載があるときは、遺言執行者の同意も必要と考えられます。

4 遺言作成上の注意点

　意図せず、遺言者が相続人間の紛争の種を作ってしまうこともあります。遺言内容に影響のある財産処分を行った場合には、遺言者本人は、遺言内容を確認し、必要に応じ、遺言書を書き換えておくべきでしょう。

━━━━━━━━━━━━━━● 税務の解説 ●━━━━━━━━━━━━━━

1 遺留分侵害がある場合

　無効となった条項以外の内容で相続税の申告を行います。第三者に売却されていたことによって、当該財産を相続できなかった者が遺留分侵害額請求（前ページ参照）の行使をし、その対応が相続税の申告期限内に行われた場合は、最終的な分割により申告をすれば問題はありません。しかし、相続税の申告を行った後に、遺留分侵害額請求があった場合、その対応によって相続財産や相続税額に異動が生じることになります。

　遺留分侵害額請求を受けたことにより申告した相続税額が過大になった人については、更正の請求をすることができます。これは遺留分の侵害額請求に基づき返還または弁償すべき額が確定したことを知った日の翌日から4か月以内に行うことが必要です。

　また、反対に、遺留分侵害額請求により財産を取得した人は、相続税申告期限を徒過していれば期限後申告（新たに相続税の申告義務が生じた場合）また

は修正申告（既に申告した相続税額に不足が生じた場合）をすることができます。これらの申告書は、税務署長による更正処分があるまでは申告書を提出することができます。この修正申告による過少申告加算税や延滞税は課されない取扱いです。

ただし、相続税の総額に変動はないことから、当事者間で税負担を調整することで、上記手続を省くことも可能です。

❷ 遺産分割協議に係る税務

法務の解説 3 のとおり、遺言によらず、遺産分割協議により分割を行う場合、遺贈の放棄は遺言者の死亡の時に遡ってその効力が生じるため、最初から遺言がなかったこととなります。このため、遺贈の放棄による課税関係は生じません。

なお、遺言では相続人以外の者への遺贈も可能ですが、遺産分割協議に移行すると相続人以外に財産を分割することはできなくなります。相続人以外の者が遺贈の放棄をした後に、相続人から財産を取得すると、相続人からの贈与となりますので注意が必要です。

また、第三者への遺贈を遺言どおり行った場合、相続税額はその人に対して 2 割が加算されます。これを「相続税額の 2 割加算」といいます。

❸ 相続税額の 2 割加算

相続・遺贈により財産を取得した人が、被相続人の一親等の血族（その代襲相続人となった被相続人の直系卑属を含みます）及び配偶者のいずれでもない場合には、その者の相続税額にその税額の 20 ％相当額を加算する取扱いです。この場合の一親等の血族には、被相続人の直系卑属でその被相続人の養子となっているものは含まれません。いわゆる孫養子は 2 割加算の対象となります。

●━━━●　**コラム**　●━━━●

未分割財産が分割され減額更正された場合の附帯税の取扱い

　遺産が未分割の状態であっても相続税の申告期限までには相続税の申告をする必要があり、期限を過ぎた場合は、無申告加算税や延滞税などの附帯税が課せられます。

　その後、未分割財産が分割され、更正の請求をした場合、これらの附帯税についても減額される取扱いが下記の通達にあります。

（昭和44年3月31日徴管2－33直資2－9直審（資）2）

　「相続税を課した未分割遺産が、その後協議分割された場合、減額更正した
　　相続税の附帯税の処理について」

　未分割遺産が共同相続人等の協議により分割されたことに基づく相続税額の減額更正の効果は、その相続税が確定した当初にそ及するものと解すべきである。したがって、納付すべき相続税額を計算の基礎として課する相続税の附帯税（加算税、利子税および延滞税）についても当然に減額を要することになる。

　なお、上記により相続税の附帯税について減額を行なった場合において、その減額部分の附帯税を他の相続人等にいわゆる賦課換えを行なうことについては、遺産取得者課税方式を採用している現行相続税法のもとではできないものと解するのが妥当であるから申し添える。

法定相続人の確定

夫太郎が死亡しました。子供はなく、夫の両親も既に他界しています。夫は夫を含め5人兄弟（次郎、三郎、四郎、五郎）で、そのうち2人（次郎、三郎）は他界しています。相続の話合いの途中で、さらに1人（四郎）が他界しました。いずれも遺言はありません。どのように相続すればよいでしょうか。

法務のポイント

被相続人に子供がなく、また、直系尊属もない場合は、配偶者と被相続人の兄弟が法定相続人となります。被相続人の兄弟が被相続人よりも先に他界していた場合は、その兄弟に子供がいれば代襲相続人となります。被相続人の死亡よりも後に、配偶者や兄弟が他界した場合はその相続人も被相続人（太郎）の遺産分割協議に入ります。

税務のポイント

相続開始時点における法定相続人全員の遺産分割協議により相続税の申告を行います。その際、遺産分割協議前に配偶者が亡くなった場合（二次相続の発生）でも、配偶者以外の相続人が配偶者の取得財産を確定させたときは、その財産は配偶者が取得したものとして、配偶者の税額軽減の特例の適用を受けることができます。

法務の解説

 子供のいない夫婦の相続

ここでは、遺言がないことを前提に、子供がなく、また、直系尊属もない夫婦の一方が亡くなる場合の法定相続について説明します（なお、子供がいれば法定相続人は配偶者と子供、子供がなく直系尊属がいれば、法定相続人は配偶者と直系尊属となります。子供Aが既に亡くなり、Aに子供Bがいれば代襲相続人となり、既にBも亡くなっているときはBに子供Cがいればcが再代襲相続人となります）。

この場合、被相続人に兄弟姉妹がいなければ、すべて配偶者が相続します。

被相続人に配偶者と兄弟姉妹がいる場合は、配偶者と被相続人の兄弟姉妹が法定相続人となり、民法では、配偶者の相続分は4分の3、兄弟姉妹は4分の1です。兄弟姉妹が複数いる場合には、4分の1を頭割りすることになります（配偶者の法定相続分は昭和56年1月1日以降変更されました。それより前の相続開始は旧法に従います）。

もし、その兄弟姉妹の中に被相続人よりも先に他界した者がいる場合、その兄弟姉妹に子供がいる場合は、その子供が代襲相続人となります。当該子供が複数いる場合の相続分は、当該兄弟姉妹の相続分を頭割りします。

兄弟姉妹の子供（代襲相続人）も亡くなっている場合はその子供（兄弟姉妹の孫）の再代襲はありません（昭和56年1月1日以降の相続開始に適用）。

② 設例

(1) 相続発生前に既に法定相続人の一部が死亡していた場合

本問では、法定相続人は配偶者と夫の兄弟4人ですが、兄弟のうち2人（次郎、三郎）が太郎より先に他界とのことですので、他界した兄弟に子供がいる場合はその子が代襲相続します。例えば、次郎に子供がおらず、三郎に子供が2人いる場合は、以下のとおりです。

被相続人亡太郎の配偶者4分の3

被相続人の兄弟の法定相続分は合計で4分の1。4人兄弟中、亡次郎に代襲者がなく、亡三郎には代襲者がいるため、兄弟3人（亡三郎、四郎、五郎）の頭割りで各自の法定相続分は12分の1ずつ（4分の1×3分の1）となり、亡三郎の代襲相続人2人は各24分の1ずつ（4分の1×3分の1×2分の1）となります。

(2) 被相続人死亡後の相続発生

本問では、被相続人太郎の死亡後に、法定相続人の1人（四郎）がさらに死亡したということですが、この場合は、被相続人太郎死亡により、いった

ん、被相続人太郎の相続が発生しています。

そのため、被相続人太郎の相続について四郎の相続人は四郎の法定相続分である 12 分の 1 を相続します。

遺産分割協議が長引くと、上記のように二次相続が発生する可能性もあり、そうすると、さらに法定相続人が多数になり、話合いが長引く可能性があります。複雑化を避けるためには、早めに遺産分割協議を進めましょう。

━━━━━━━━━━━● 税務の解説 ●━━━━━━━━━━━

① 法定相続人の数

相続税では、原則として相続開始時点の「法定相続人の数（相続を放棄した人も数に含めます）」により遺産の基礎控除等の算定を行います。

> 基礎控除額：3,000 万円＋法定相続人の数※×600 万円

上記の例（ 法務の解説 2）でいえば、法定相続人の数は 5 名であるため、基礎控除額は、6,000 万円になります。小規模宅地等の特例の適用を受けないとした場合の相続税の課税価格が基礎控除額を超える場合は、小規模宅地等の特例を適用して税額が 0 となる場合であっても相続税の申告が必要になります。計算方法は 35 ページを参照してください。

※法定相続人の数に含める養子の制限
　被相続人に実子がある場合または被相続人に実子がなく養子の数が 1 人の場合…1 人まで
　被相続人に実子がない場合…2 人まで

② 相続税額の 2 割加算

相続・遺贈により財産を取得した人が、被相続人の一親等の血族（その代襲相続人となった被相続人の直系卑属を含みます）及び配偶者のいずれでもない場合には、その者の相続税額にその税額の 20 ％相当額を加算する取扱いです。この場合の一親等の血族には、被相続人の直系卑属でその被相続人の養子となっているものは含まれません。いわゆる孫養子は 2 割加算の対象とな

ります。上記の例では、兄弟及びその代襲相続人が、相続税の2割加算の対象です。

③ 配偶者の税額軽減

　相続税の申告書を提出すべき者が、その申告書を提出しないで死亡した場合には、その死亡した者の相続人（包括受遺者を含みます）が、相続税の申告書を提出します。

　二次相続の被相続人が相続税の申告を要する場合は、その相続人の一次相続に係る申告期限と二次相続の申告期限が同じ日になります。

　例えば、設問とは異なりますが、太郎の相続税の申告期限前に太郎の配偶者が亡くなった場合、配偶者の相続人は、配偶者が亡くなったことを知った日の翌日から10か月以内に、太郎に係る相続税の申告と配偶者に係る相続税の申告を行うことになります。

　もっとも、二次相続が発生していないその他の太郎の相続人の申告期限は、太郎が亡くなった日の翌日から10か月以内であり、延長はされませんので注意が必要です。

　配偶者の税額軽減の特例は、遺言や遺産分割協議により配偶者が実際に取得した財産について適用することとされています。そのため、配偶者が遺産分割協議前に死亡した場合には、「実際に取得していない」ため、税額軽減の適用はできない理屈になります。しかし、死亡が遺産分割協議の成立前であるのか後であるのかによる課税の不公平を排除するため、配偶者以外の相続人が配偶者の取得財産を確定したときは、配偶者が取得したものとして、配偶者の税額軽減を適用することができることとされています（相続税法基本通達19の2－5）。

　ただし、これにより配偶者が取得したものとされた財産は、配偶者自身の相続財産となります。一次相続で配偶者の税額軽減を適用してもなお相続税が発生した場合には二次相続において相次相続控除の適用を受けることができます。また一次相続で配偶者に課された相続税は実際には本人が納付できないため、二次相続で債務控除の対象とすることができます。

このように、一次相続で配偶者が取得する財産の額により、一次相続、二次相続のトータルの相続税の負担が変わることになります。

④ 相次相続控除

今回の相続開始前10年以内に被相続人が相続、遺贈や相続時精算課税に係る贈与によって財産を取得し相続税が課されていた場合には、その被相続人から相続、遺贈や相続時精算課税に係る贈与によって財産を取得した人の相続税額から、一定の金額（1年につき10％の割合で逓減した後の金額）を控除する制度です。この制度の適用対象者は、相続人に限定されていますので、相続の放棄をした人及び相続権を失った人がたとえ遺贈により財産を取得しても、この制度は適用されません。

相次相続控除が受けられるのは次のすべてに当てはまる人です。

(1) 被相続人の相続人であること

(2) その相続の開始前10年以内に開始した相続により被相続人が財産を取得していること

(3) その相続の開始前10年以内に開始した相続により取得した財産について、被相続人に対し相続税が課税されたこと

各相続人の相次相続控除額は、次の算式により計算した金額です。

$$\text{各相続人の相次相続控除額} = A \times \frac{C}{B-A} \times \frac{D}{C} \times \frac{10-E}{10}$$

$$※ \frac{C}{B-A} \text{が} \frac{100}{100} \text{を超える場合は} \frac{100}{100}$$

A：今回の被相続人が前の相続の際に課せられた相続税額

　　この相続税額は、相続時精算課税分の贈与税額控除後の金額をいい、その被相続人が納税猶予の適用を受けていた場合の免除された相続税額ならびに延滞税、利子税及び加算税の額は含まれません。

B：被相続人が前の相続の時に取得した純資産価額（取得財産の価額＋相続時

精算課税適用財産の価額－債務及び葬式費用の金額)

C：今回の相続、遺贈や相続時精算課税に係る贈与によって財産を取得し
　たすべての人の純資産価額の合計額
D：今回のその相続人の純資産価額
E：前の相続から今回の相続までの期間
　　1年未満の期間は切り捨てます。

コラム
相続登記

　遺産分割前に被相続人の配偶者が亡くなった場合でも、配偶者以外の相続人が配偶者の取得財産を確定することで配偶者の税額軽減の適用を受けることができることは前述したとおりです。

　ただし、相続登記では、中間の相続登記を省略することはできないという判例があります（東京地方裁判所平成26年3月13日判決)。遺産分割協議を行う相手が亡くなったことで登記原因証書である遺産分割協議書を添付できない場合は、いったん、一次相続の相続人が法定相続分で取得したものとして相続登記を行うべきとしています。

法定相続人の1人が認知症の場合

夫が死亡しました。子供はなく、夫の両親も既に他界しています。夫は3人兄弟で、他の兄弟2人は生存していますが、うち1人が以前から認知症で施設に入っています。私も高齢となり、できるだけ早く遺産分割の話合いを進めたいのですが、その認知症の方についてはどうしたらよいですか。

法務のポイント

判断能力に応じて成年後見人などの選任を検討しましょう。既に後見開始となり成年後見人が選任されている場合は、その成年後見人に連絡し、遺産分割協議を進めましょう。

税務のポイント

成年後見人が本人の代わりに税務申告を行います。被成年後見人は、障害者控除の適用を受けることができます。

法務の解説

1 法定相続人が認知症の場合

相続人の1人が認知症とのことであり、当該相続人は単独では遺産分割協議のような法律行為を行う判断能力がないと考えられますので、成年後見制度を利用することを検討しましょう。

なお、遺産分割協議開始後、相続人の1人が認知症になってしまった場合も、同様に成年後見制度を利用することが必要でしょう。

2 成年後見制度の利用

「精神上の障害により事理を弁識する能力を欠く常況にある者」に該当する場合、家庭裁判所は、一定の申立権者の請求により、後見開始の審判をすることができます（民法7条）。それよりも程度の軽い場合は保佐、補助の仕組みもあります（民法11条、15条）。いずれの場合も、判断能力の程度について明らかにするため、申立時に家庭裁判所で定める様式の医師による診断

書が必要であり、さらに家庭裁判所の審理により、医師の鑑定が必要となる場合があります。ここでは成年後見について説明します。

　申立権者は、本人、配偶者、四親等内の親族、未成年後見人、未成年後見監督人、保佐人、保佐監督人、補助人、補助監督人または検察官です（なお、身寄りがない場合等、老人福祉法等の規定に基づき市町村長も申立権者です）。任意後見受任者、任意後見人等も申立できます。

　本問では、夫の兄弟は四親等内の親族として、被相続人の妻も申立ができきます。

　後見開始が必要な場合、裁判所は、職権で、成年後見人を選任します。成年後見人は、被後見人の財産管理と身上監護を行います。遺産分割協議という課題があることを申立時に裁判所に説明しておきましょう。その場合、被後見人の財産の額にもよりますが、弁護士等の専門職が後見人に選任される事例も多くみられます。「財産管理は専門職後見人、身上監護は親族後見人」、というように、権限が分掌される審判が下ることもあります。

　成年後見が一度始まると、遺産分割協議が終了した後も、被後見人が事理弁識する能力を回復しない限り、被後見人が亡くなるまで続きます。後見制度全般については、家庭裁判所への後見開始審判の申立時によく理解しておきましょう。

　遺産分割協議の完了等、後見申立の目的が達成されると専門職後見人が辞任し、親族後見人のみが後見人として残るケースもありますが、管理財産の額や親族間対立の有無等によりケースバイケースです。管理財産が高額な場合、後見制度支援信託（通常使用しない金銭を信託銀行に信託する仕組み）の利用契約締結までを専門職後見人が担い、その後は親族後見人に引き継ぐ事例もあります。また、平成30年6月からは後見制度支援預金（通常使用しない金銭を後見制度支援預金口座に預け入れる仕組み）も始まりました。後見制度支援信託、同支援預金いずれも、払戻しをするには予め裁判所が発行する指示書が必要になります。

　近時、後見制度の運用面の見直しも進んでいます。申立に当たり、できるだけ新しい情報を家庭裁判所のホームページや法律相談などを通じて入手

しましょう。

③ 成年後見人

　財産管理の権限を有する成年後見人は、被後見人の法定代理人として遺産分割協議に参加します。Q13 を参照してください。

━━━━━━━━ ● 税務の解説 ● ━━━━━━━━

① 成年後見人が選任されている場合の申告

　相続税の申告は、遺産分割協議の内容に従って、成年後見人が本人の代わりとして提出します。その際、配偶者の税額軽減や障害者控除等、各種特例の適用も受けることができます。

　成年後見人が、相続人である場合には、Q14 を参照してください。

② 相続税における障害者控除

(1)対象者

　相続・遺贈により財産を取得した人（一時居住者(注)で、かつ、被相続人が一時居住被相続人または非居住被相続人である場合を除く法定相続人）のうちに障害者があるときは、その障害者が一般障害者か特別障害者かの区分により、その障害者の年齢に応じて、算出相続税額から一定額を控除することができます。

(2)障害者の区分

一般障害者	特別障害者
① 精神上の障害により事理を弁識する能力を欠く常況にある人または児童相談所、知的障害者更生相談所、精神保健福祉センターもしくは精神保健指定医の判定により知的障害者とされた者のうち重度の知的障害者とされた者以外の者	① 精神上の障害により事理を弁識する能力を欠く常況にある者または児童相談所、知的障害者更生相談所、精神保健福祉センターもしくは精神保健指定医の判定により重度の知的障害者とされた者
② 精神障害者保健福祉手帳に障害等級が2級または3級である者として記載されている者	② 精神障害者保健福祉手帳に障害等級が1級である者として記載されている者
③ 身体障害者手帳に身体上の障害の程度が3級から6級までである者として記載されている者	③ 身体障害者手帳に身体上の障害の程度が1級または2級である者として記載されている者
④ 戦傷病者手帳に記載されている精神上または身体上の障害の程度が次に掲げるものに該当する者 　イ　恩給法別表第1号表の2の第4項症から第6項症までの障害があるもの 　ロ　恩給法別表第1号表の3に定める障害があるもの 　ハ　傷病について厚生労働大臣が療養の必要があると認定したもの 　ニ　旧恩給法施行令第31条第1項に定める程度の障害があるもの	④ 戦傷病者手帳に精神上または身体上の障害の程度が恩給法別表第1号表の2の特別項症から第3項症までである者として記載されている者
⑤ 常に就床を要し、複雑な介護を要する者のうち、精神または身体の障害の程度が①または③に掲げる者に準ずるものとして市町村長等の認定を受けている者	⑤ 原子爆弾被爆者に対する援護に関する法律第11条第1項の規定による厚生労働大臣の認定を受けている者
	⑥ 常に就床を要し、複雑な介護を要する者のうち、精神または身体の障害の程度が①または③に掲げる者に準ずるものとして市町村長等の認定を受けている者
⑥ 精神または身体に障害のある年齢65歳以上の者で、精神または身体の障害の程度が①または③に掲げる者に準ずるものとして市町村長等の認定を受けている者	⑦ 精神または身体に障害のある年齢65歳以上の者で、精神または身体の障害の程度が①または③に掲げるものに準ずるものとして市町村長等の認定を受けている者

　なお、相続開始の時において、障害者手帳等の交付を受けていない場合であっても、相続税の期限内申告書を提出する時において、これらの手帳等

の交付を受けている、または交付を申請中である場合で、医師の診断書により相続開始時点で明らかに障害があると認められる場合は、障害者控除を受けることができます。

なお、成年後見制度における成年被後見人は、家庭裁判所において「精神上の障害により事理を弁識する能力を欠く常況にある者」として後見開始の審判を受けた者であり、所得税及び相続税における障害者控除の対象になる特別障害者に該当します。

(3)控除額

下記の控除額が障害者本人の相続税額を超えていて控除しきれなかった場合、その者の扶養義務者の相続税額から控除することができます。

> 一般障害者：(85歳－相続開始時の年齢)×10万円
> 特別障害者：(85歳－相続開始時の年齢)×20万円
> (年齢の1年未満は切捨て)

この場合の「扶養義務者」は、配偶者ならびに直系血族及び兄弟姉妹ならびに家庭裁判所の審判を受けて扶養義務者となった三親等内の親族をいいますが、これら以外でも三親等内の親族で生計を一にする者については家庭裁判所の審判がない場合であってもこれに該当するものとして取り扱います。

ただし、これは障害者が相続・遺贈（相続時精算課税制度により財産を取得した法定相続人を含みます）により財産を取得していることが前提です。まったく財産を取得していない場合は、当然障害者自身の相続税額はゼロのため障害者控除の適用の余地はありませんが、その控除の枠を扶養義務者の相続税額には使うことはできません。

なお、障害者が2回以上相続を受けた場合は、それぞれ障害者控除の適用を受けることができますが、控除の範囲は、最初の相続で計算された障害者控除額の枠内という制限があります。例えば、最初の相続で一般障害者であった者が今回の相続で特別障害者に該当した場合には、控除額は次の

算式により求めます。

20万円×(85歳−今回の相続開始時年齢)＋10万円×(今回の
相続開始時年齢−前回の相続開始時年齢)−既に適用した控除額

(注)「一時居住者」とは、相続開始の時に在留資格（出入国管理及び難民認定法別表第1（在留資格）上
　　欄の在留資格をいいます）を有する人で、その相続の開始前15年以内に日本国内に住所を有してい
　　た期間の合計が10年以下の人をいいます。

後見人が付いている場合の遺産分割協議の進め方

Q12において、その後、認知症の相続人について、当該相続人の子供の申立により、成年後見人が選任されたと聞きましたがまだ私への連絡はありません。遺産分割協議についての連絡は誰に行うのですか。また、協議はどのように進めていくことになるでしょうか。

法務のポイント

成年後見人は、被後見人の法定代理人です。遺産分割協議には当該被後見人の法定代理人として成年後見人が参加します。成年後見人は、被後見人の利益のために法律行為を行う職責を担っています。

税務のポイント

成年後見人が主張する被後見人が取得すべき法定相続分の考え方は、税務における各種特例は考慮されないため、相続税の課税価格のみによって判断できない点に注意する必要があります。

法務の解説

1 成年後見人の位置付け

成年後見人は、被後見人の法定代理人であり、被後見人が相続人の場合、遺産分割協議には当該被後見人の成年後見人が参加します。

2 成年後見人の特定

誰が成年後見人に選任されたかは、家庭裁判所の審判書（後見開始兼成年後見人選任）に記載されます。この審判書は、申立人、被後見人とされた本人、選任された成年後見人に宛てて送付されます。

審判が確定した後、後見人は裁判所において一件記録を謄写することができます。後見人は、従前、管理を行っていた親族などから、後見事務に必

要な書類、通帳などを引き継ぎます。事案によっては、この引継ぎに時間を要する場合もあります。

成年後見人に早期に連絡を取りたい場合、まずは、成年後見人が誰に決まったか、申立人から連絡先等を開示してもらうとよいでしょう。

後見人選任申立時において、申立人が、申立の理由・契機として遺産分割協議が必要である等と説明している場合には、選任された成年後見人にもその任務の課題が一件記録上からわかります。遺産分割協議があるという前提で専門職が後見人に選任されている場合は、当該後見人から、被後見人の利益を守るべく協議の申入れを行うこともあります。

③ 遺産分割協議

成年後見人は、被後見人の法定代理人として被後見人の利益のために法律行為を行う職責を担っています。

そのため、遺産分割協議においても、成年後見人は個別具体的な事情に鑑み、民法に基づき、被後見人の利益にかなった主張を行うことになります。

● 税務の解説 ●

成年後見人は、上記記載のとおり、被後見人の利益のために法律行為を行うことから、法定相続分の主張が行われることが多いようです。法定相続分を明らかにするためにも、早めに相続財産の特定や評価を進めておく必要があります。特に相続が発生してから相続人に成年後見人の申立をする場合、審判が確定するまでの日数を考慮しておかないと、申告期限までに分割が確定せず、未分割で申告（詳細はQ15参照）をしなければならない事態を招くおそれがあります。

また、この場合の法定相続分の考え方は、税務申告をする場合、相続税の課税価格で考えがちですが、小規模宅地等の特例等は相続税法上の考え方であり、減額をしないで算定することが通常です。貸家や貸家建付地の評価は、借地権や借家権を考慮したものであることから減額が認められるケースもあるようですが、いずれにしても、成年後見人が選任されているケースは、早め早めの対応が必要でしょう。なお、成年後見人が相続人である場合には、Q14を参照してください。

法定相続人の後見人が法定相続人の1人でもある場合

夫の相続において法定相続人は妻である私と夫の兄弟2人です。認知症の夫の兄には既に成年後見人が選任されていました。ただ、その成年後見人は夫の弟であり、夫の法定相続人の1人です。誰がどのような手続をとる必要がありますか。

法務のポイント

成年後見人は、被後見人の法定代理人ですが、ある法律行為において、被後見人と後見人の利益が相反する場合には後見人は当該法律行為を行うことはできません。

こうしたケースで成年後見監督人が既に選任されている場合は、当該後見監督人が当該法律行為を行います。後見監督人が選任されていない場合は、利益相反行為に関し、成年後見人は、特別代理人の選任申立を行う義務があります。

税務のポイント

成年後見監督人または特別代理人が本人の代わりとして相続税の申告書を提出します。

法務の解説

1 成年後見人と被後見人の利益相反行為

成年後見人は、被後見人の法定代理人であり、通常は遺産分割協議には当該被後見人の法定代理人として成年後見人が参加します（Q12、Q13）。

しかし、被後見人と成年後見人の利益が相反する場合には、後見人はその法律行為を代理することはできません。

遺産分割協議において、被後見人と成年後見人自身が、2人とも被相続人の法定相続人である場合は、利益が相反するといえ、後見人は、被後見人の代理人としての立場では遺産分割協議に参加することはできません。

なお、後見人として、「親族後見人は身上監護、専門職等第三者後見人は

財産管理」、というように、権限分掌の審判が下っている場合もあります。この場合、親族後見人は身上監護のみの権限であり、財産管理権限を有する第三者後見人が、財産管理業務の一環である遺産分割協議に参加しますので、利益相反行為は発生しないことになります。念のため家庭裁判所へ確認しましょう。

2 利益相反がある場合の対応

(1)成年後見監督人が選任されている場合

被後見人について、成年後見人の他、成年後見監督人が選任されているケースがあります。これまでは管理財産が多額である等の場合に、監督人として第三者である弁護士等の専門職が選任されています。

後見人自身が被後見人と利益相反関係に立つ法律行為の場合、成年後見監督人が選任されていれば、成年後見監督人が被後見人の法定代理人として当該法律行為を行います。

本問の遺産分割協議には、成年後見監督人が選任されている場合は成年後見監督人が参加します。この場合は、下記(2)の特別代理人選任の申立は不要です。

(2)成年後見監督人が選任されていない場合

上記(1)のような監督人がいない場合は、利益相反の法律行為に対処するため、後見人は裁判所に特別代理人の選任を申し立てる義務を負います（民法860条、826条）。

申立後、どのような体制が被後見人にとって望ましいか、被後見人の立場に立って、少し先まで見通して検討される事案もあると思います。

その遺産分割協議だけのために特別代理人が選任される場合もあり得ますが、例えば、現状として、成年後見人は親族後見人だけであった場合、遺産分割により、多額の預貯金を取得する可能性があるのであれば、その法律行為限りの特別代理人の選任を行うよりも、職権で新たに成年後見監督人

を選任することもあると思います。あるいは、職権で第三者の専門職後見人を追加選任して、親族後見人と権限分掌し、そのうえで後見制度支援信託または後見制度支援預金制度を利用させ、軌道に乗ったら専門職後見人は辞任するといった方法がふさわしい場合もあり得ます。

いずれにせよ、事案に即して裁判所が職権で選任します。

━━━━━━● 税務の解説 ●━━━━━━

1 成年後見監督人または特別代理人が選任された場合の申告

相続税の申告は、遺産分割協議の内容に従って、成年後見監督人または特別代理人が本人の代わりとして申告書に押印し、被相続人の死亡の時における住所地を管轄する税務署に提出します。その際、配偶者の税額軽減や障害者控除等、各種特例の適用も受けることができます。

2 相続税における障害者控除

80ページ以下参照。

入院中または遠方にいる相続人との遺産分割協議

Q11において、相続人の1人が遺産分割協議中に入院してしまいました。入院は長引きそうですが、どうしたらよいでしょうか。また、別に遠方の相続人がいますが、どうしたらよいでしょうか。

法務のポイント

相続人が一堂に会することができない場合は、面談のほか、電話や手紙等の通信手段により、合意に向けて内容を詰めましょう。内容について合意ができたら、協議書案を確認してもらったうえで協議書への自署、実印の押印を求めましょう。

税務のポイント

相続税の申告期限までに遺産分割協議が調わないと適用できない特例があるので、注意が必要です。

● 法務の解説 ●

1 遺産分割協議

遺産分割協議は、相続人全員が一堂に会することは必ずしも必要ありませんが、遺産分割の内容、つまり、誰がどの財産を取得するかについて、相続人全員（包括受遺者がいる場合はその受遺者も含みます。以下同じ）の合意が必要です。

相続人各自が遺産分割の内容について理解することが大前提ですので、誤解なきよう、よく話し合いましょう。後日、協議の成立や協議書の効力を争われる余地をできるだけなくしておくことが必要です。

本問の入院の事情が、認知症や意識不明等、判断能力を失ったり、判断能力が不十分というケースでなければ、協議の成立には問題ないでしょう。

❷ 遺産分割協議書の作成

　誰がどの財産を取得したかについて相続人全員の合意の存在を証するため、遺産分割の内容を記載した遺産分割協議書を作成し、相続人全員が、住所の記載、署名、実印の押印を行います。印鑑証明書も一緒に提出してもらいます。協議成立後、登記・登録手続が必要な場合は、これに必要な書類も提出してもらうとよいでしょう。

　遺産分割協議書は、不動産登記申請や預金払戻し、相続税申告手続等の必要書類として利用されます。

　遺産分割協議及び協議書の作成時に一堂に会することもありますが、一堂に会さずとも、面談や郵送する等して、持ち回りで署名押印すること等もあります。

　遺産分割の内容に相続人全員が合意できた場合、協議書の作成に当たっては、入院中の相続人や遠方に居住する相続人にも自署押印を行ってもらいます。

　ただし、通常は入院中、病院に実印を持参していませんし、印鑑証明を自分で取得する環境にない可能性があります。その場合は、当該相続人の事情に配慮し、当該相続人の意向に沿って対応することも必要でしょう。

━━━━━━━● 税務の解説 ●━━━━━━━

❶ 申告期限までに遺産分割が調わなかった場合

　相続税の申告は、相続の開始があったことを知った日の翌日から10か月以内にしなければなりません。遺産分割協議がまとまらない段階で、相続人が入院したり、そもそも遠方にいたりというケースでも相続税の申告期限の伸長が認められるわけではありません。

　もし、相続人が入院した等の事情や、意見がまとまらない等のことで遺産分割協議が相続税の申告期限までに調わない場合には、遺産を法定相続分で取得したものとして申告しなければなりません。

② 未分割の場合に適用が受けられない相続税の特例

　相続税の申告期限まで遺産が未分割である場合、下記の特例が適用できません。このうち、①～③の特例は、相続税の申告書に「申告期限後3年以内の分割見込書」(66ページ参照)を添付することで、申告期限後3年以内に分割された場合に改めて適用を受けることができ、申告期限後3年以内に遺産分割協議が調わない場合でも、訴えが提起されている等やむを得ない事情がある場合、「遺産が未分割であることについてやむを得ない事由がある旨の承認申請書」(67ページ参照)を申告期限後3年を経過する日の翌日から2か月を経過する日までに税務署長に提出し承認を受けることで、特例の適用も可能です。しかし、④農地等についての納税猶予や、⑤非上場株式等についての納税猶予は、期限内申告書の提出期限までに分割されていることが要件とされ、宥恕規定(要件が充たされていない場合にも一定の場合にその要件を満たしているとするみなし規定)はないため注意する必要があります。

【相続税の軽減等特例】
　　① 　配偶者の税額軽減の特例
　　② 　小規模宅地等についての相続税の課税価格の計算の特例
　　③ 　特定計画山林についての相続税の課税価格の計算の特例
　　④ 　農地等についての相続税の納税猶予
　　⑤ 　非上場株式等についての相続税の納税猶予

　なお、平成31年度税制改正により創設された個人事業者の事業用資産に係る納税猶予の特例制度も、相続税の申告期限までに分割されていることが要件となります。

コラム
個人事業者の事業用資産に係る納税猶予制度

　平成31年度税制改正により、個人事業者の事業用資産に係る納税猶予が新設されました。

　相続税に係る概要は下記のとおりです。

　認定相続人が平成31年1月1日から令和10年12月31日までの間に、相続等により特定事業用資産を取得して事業を継続する場合、担保の提供を条件に特定事業用資産の課税価格に対応する相続税の納税を猶予する制度です。

　認定相続人とは、承継計画（平成31年4月1日から令和6年3月31日までに都道府県に提出されたもの）に記載された後継者で、中小企業における経営の承継の円滑化に関する法律の規定によって認定を受けた者をいいます。

　また、特定事業用資産とは、被相続人の事業（不動産貸付けを除きます）の用に供された土地（400㎡まで）、建物（床面積800㎡まで）及び建物以外の減価償却資産で青色申告書に添付する貸借対照表に計上されているものをいいます。具体的には、機械・器具備品（工作機械、パワーショベル、診療機器等）、車両・運搬具、生物（乳牛等、果樹等）、無形減価償却資産（特許権等）等です。

　猶予税額の計算については、非上場株式等についての相続税の納税猶予制度の特例と同様で、100％納税猶予となり、認定相続人が死亡するまで特定事業用資産を保有し、事業を継続した場合等の要件を満たすときに納税猶予税額の全額が免除されます。一方で、相続人が対象資産に係る事業を廃止した場合等には、猶予税額の全額を利子税とともに納付することになります。

　なお、この制度は、特定事業用宅地等の小規模宅地等の課税価格の計算の特例と選択適用です。

相続分の譲渡

亡母の遺産分割協議において、子供4人のうち、長男と姉妹が対立しています。私は次男ですが、双方と対立したくありませんし、高齢で持病もあり協議から抜けたいと思います。兄である長男から、「相続分を譲渡してくれないか」といわれましたが、相続分譲渡とはどのようなものですか。

法務のポイント

相続分の譲渡とは、遺産全体に対する共同相続人の包括的持分または法律上の地位を譲受人に譲渡することです。相続分譲渡により、それ以後の遺産分割協議には相続分の譲受人が参加します。ただし相続債務については、債権者保護のため、債権者の同意なくして譲渡人は免責されず、譲渡人も譲受人と連帯して債務を負うこととなります。

税務のポイント

相続分を譲渡した相手方が共同相続人であれば、有償無償を問わず、相続税の課税関係で完結します。相手方が第三者の場合、相続人である譲渡人が相続税の申告義務を負うとともに、無償または著しく低い価格による譲受の場合には譲受人に贈与税、相続分に応じた相続財産が譲渡所得の起因となる財産である場合には、譲渡人に譲渡所得の課税関係が生じます。

法務の解説

1 相続分の譲渡

相続分の譲渡とは、相続開始後に、遺産全体に対する共同相続人の包括的持分または法律上の地位を譲受人に譲渡することをいいます。

相続人は、遺産分割前に自らの相続分の全部または一部を第三者または自分以外の相続人に譲渡することができます。民法第905条に相続分贈与

ができることを前提とした規定があることから当然に許容されると解されています（なお、この民法905条は、譲受人が相続人ではない第三者の場合に他の共同相続人はその価額及び費用を償還してその相続分を譲り受けることができるという相続分取戻権を定める規定です）。

共同相続人のうち自己の相続分の全部を譲受人に譲渡した者は、遺産分割審判の手続等において遺産に属する財産につきその分割を求めることはできなくなり、また、前提となる遺産確認請求についても当事者適格を失います（最高裁判所第二小法廷平成26年2月14日判決・民集68巻2号113ページ）。

なお、相続債務がある場合、債権者保護のため、その債権者との関係では債権者の同意なくして譲渡人は免責されず、譲渡人も譲受人と連帯して債務を負うこととなりますので、被相続人に相続債務がある場合には注意が必要です。

② 遺産分割協議との関係

相続分の譲渡後は、相続分の譲受人が遺産分割協議に参加します。譲渡人は遺産分割協議が成立した場合でも分配は受けられません。

なお、本問の場合、長男への相続分譲渡を行えば、長男と姉妹の対立に関して長男側に与したという印象を与えるかもしれません。

相続の放棄や相続分の放棄を比較してみましょう。Q17、Q26を参照してください。

━━━━━━━━━━━━ ● 税務の解説 ● ━━━━━━━━━━━━

① 相続人間で相続分を譲渡した場合

相続分の譲渡をした場合でも譲渡人の相続人としての身分は変わりませんので、共同相続人に対し、無償で相続分を譲渡して相続分を取得しなかった場合は、譲渡人は単に相続財産の取得をゼロとする遺産分割協議を行ったことと変わらないことになります。一方で譲受人は譲渡人から相続分を取得したことで、取得する財産が増えるため相続税の負担が増加します。

有償で譲渡した場合は、他の相続人に相続財産を取得させる代償として代償金を受け取る「代償分割」と同様に考えることができるため、譲渡人にも受け取った金銭に対して相続税が課税されることになります。

いずれにしても共同相続人間で行われる相続分の譲渡は、相続税の課税関係の中で完結することになります。

❷ 第三者（個人）に相続分を譲渡した場合

相続分を譲渡された第三者である譲受人が遺産分割協議に参加することになっても、相続人としての身分までが譲渡されたわけではありませんので、その第三者には相続税の課税関係は生じません。

そのため、相続分を無償または著しく低い価格で譲り受けた場合には、共同相続人から贈与があったものとして贈与税が課税されることになります。

一方、譲渡人は、相続分を譲渡したとしても相続人であることには変わりないため、相続分を譲渡しても本来の相続分による相続財産の取得があったものとして相続税が課税されます。さらに、相続分として有償で譲渡所得の起因となる財産（土地等、建物等、有価証券等で棚卸資産等は含みません）を第三者に譲渡した場合、譲渡所得税も課税されることになります。

❸ 第三者（法人）に相続分を譲渡した場合

相続分の譲渡の相手が、法人であった場合、さらに複雑な課税関係が生じます。

無償または時価の2分の1未満で譲渡すると、譲渡人が適正時価で譲渡したとみなされ譲渡所得課税、譲受人（法人）は受贈益（適正時価－実際譲渡価額）に対して法人税、時価の2分の1超の価額で譲渡した場合は、その対価による譲渡所得課税が譲渡人に対してされます。

相続分の放棄
Q16の相続分譲渡でなく「相続分放棄」という方法もあると聞いたことがあります。相続分放棄とはどのようなものですか。相続放棄とは異なりますか。

法務のポイント

相続分の放棄とは、当該相続人の相続分を放棄する意思表示です。相続放棄とは異なるので相続人の地位を失うものではありません。相続分放棄後の計算方法は、相続分放棄者の相続分がそれ以外の相続人に対し、各相続分の割合で再配分されます。相続分を放棄しても、相続放棄と異なり相続債務は免責されません。

税務のポイント

相続分の放棄は、相続放棄と異なり、相続税において特段の定めは設けられていません。実質的に、取得財産をゼロとする遺産分割協議を行った場合と同様に考えます。

― 法務の解説 ―

1 相続分の放棄

相続において、相続開始後、遺産分割までの間、相続人は自己の相続分を放棄することができます。民法上の明文はありませんが、私的自治の原則から相続分放棄を行うことは実務上認められています。

共有持分の放棄が可能である（民法255条）こととの均衡から、自己の相続分を他の相続人に対して法定相続分の割合に応じて帰属させる単独行為としての相続分の放棄も可能であると解する判決例もあります（東京地方裁判所平成16年3月30日判決）。

相続分の放棄は、相続後に行われますので遡及効のある相続放棄と異な

り、相続人としての地位を失うものではなく、債権者の同意がない限り、相続債務については、免責されません（債権者の同意があれば免責されます）。

2 遺産分割協議との関係

相続分を放棄した後は、放棄した相続人は遺産分割協議に参加できなくなり、遺産分割協議が成立した場合の分配は受けられません。ただし、家庭裁判所の遺産分割事件で相続人Aが相続分放棄を行ったがその事件が取り下げで終了し、その後、再度の遺産分割申立があった場合、前件でのAの相続分放棄の意思表示は当該事件限りで効力を生じたと考え、実務では、その後の手続にAを当事者として手続に参加させているとのことです（『第3版 家庭裁判所における遺産分割・遺留分の実務』127ページ参照、日本加除出版）。

3 相続放棄との主な違い

(1)相続放棄

相続放棄は、自己のために相続の開始があったことを知った時から3か月以内の熟慮期間に家庭裁判所に申述の手続を行う必要があります（民法938条）。3か月以内に相続財産の状況を調査しても相続を承認するか放棄するかの判断材料が得られない場合には、相続の承認または放棄の熟慮期間伸長の申立により、家庭裁判所はその期間を伸ばすことができます。

相続放棄の申述前に遺産の全部または一部の処分を行った場合等は単純承認を行ったとみなされ、相続放棄はできません（法定単純承認、民法921条各号参照）。詳細はQ26を参照してください。

相続放棄申述が受理されると受理証明書が発行され、遡って初めから相続人ではなかったとみなされ（民法939条）、積極財産の他、相続債務も一切承継しません。

相続債務が多額である場合、債権者から請求されないようにするため、相続放棄申述を行い、受理証明書を取得する利用方法が多いでしょう。

(2) 相続分の放棄

　これに対し、相続分の放棄を行うには、上記(1)のような３か月の期間制限はなく、また、家庭裁判所への申述手続は不要であり、遺産分割前であれば任意に相続分の放棄ができます。相続分の放棄には遡及効はありません。

　係属中の遺産分割調停や審判等で、中立的な立場を保つため、相続分の放棄を裁判所へ届け出て、同手続から排除する旨の裁判を受けるといった利用方法があります。

　前記のとおり、相続分の放棄を行っても相続人としての地位を失わないため、相続債務については免責されません（債権者の同意があれば免責も可能）。相続債務があるケースでは注意が必要です。

❹ 相続分放棄後の相続分の計算方法

　共同相続人の１人の相続分放棄により、残る相続人の相続分はその相続分率に応じて再配分されます。

　具体的な事案に当たっては、相続放棄、相続分放棄、相続分譲渡のそれぞれの法的効果をよく理解する必要がありますので、法律相談を受けるようにしてください。

━━━━━━━━━━━━● 税務の解説 ●━━━━━━━━━━━━

❶ 相続分の放棄

　家庭裁判所に申述して初めから相続人でなかったものとされる「相続放棄」と異なり、「相続分の放棄」は、相続人の地位を放棄するものではないため、相続税では、相続を放棄した場合の取扱いは適用されず、取得財産をゼロとする遺産分割協議を行ったことと同様に整理されます。

❷ 相続放棄

　Q26と同様なので、131ページを参照してください。

行方不明の相続人がいる場合

亡母の相続人は子供4人ですが、独身の四男Aが旅に出るとの書き置きを残して出て行き、長年行方不明です。亡母の遺産分割協議を行いたいのですが、どうしたらよいでしょうか。

法務のポイント

相続人の中に行方不明者がいる場合は、不在者財産管理人選任手続や失踪宣告の手続を検討しましょう。

税務のポイント

失踪宣告によって行方不明者が死亡とみなされた場合には、行方不明者の相続人がその者に代わって相続税の申告書を提出するとともに行方不明者自身の相続手続も必要になります。不在者財産管理人が選任された場合は、不在者財産管理人が行方不明者を代理して申告をします。

法務の解説

1 行方不明者

遺産分割協議は、相続人全員の合意が必要です。相続人の中に行方不明者がおり、協議を行うことができないと相続財産の処分ができませんので、他の相続人として困ります。

行方不明者の住民票や出生から現時点までの戸籍謄本及び戸籍附票を取り寄せる、登録された住所地に手紙を出す等して、住所を調査したり、その生死や、また死亡の場合はその時期などを調査する必要があります。

そうした調査を経ても生死不明で行方がわからない場合は、下記**2**及び**3**の手続を検討しましょう。

2 失踪宣告

(1)失踪宣告の申立

　従来の住所または居所を去り、容易に戻る見込みのない者を「不在者」と呼んでいます（裁判所ホームページ。民法25条）。

　不在者の生死が7年間明らかでない場合、法律上の利害関係人または検察官の申立により、裁判所は失踪宣告をすることができます。なお、戦地に行ったり沈没船にいた等の危難に遭遇した者の場合には、危難が去ったときから1年間生死が明らかでない場合に行うことができます。

　本問では、亡母の相続についてA以外の相続人は、Aの利害関係人に当たります。

(2)効果

　失踪宣告が下ると、上記(1)の失踪期間7年間が満了したときに死亡したとみなされます。危難に遭遇した者の場合は危難が去ったときに死亡とみなされます。

　本問では、亡母の死亡より先に、Aの失踪宣告期間が経過し、Aが死亡したとみなされた場合、Aに子供がいなければAを除いた3人の子供（亡母の夫である父が存命中なら3人の子供と父）が相続人となります。Aに子供がいればその子供が代襲相続人となります。

　また、Aの失踪宣告期間が経過するのが亡母の死亡より後となる場合は、Aも亡母の相続人となります。この場合は下記 **3** の方法を検討することになります。

③ 不在者財産管理人

(1)不在者財産管理人選任の申立

利害関係人である相続人は、家庭裁判所に不在者の財産管理人（不在者財産管理人）の選任を申し立てることができます。

失踪宣告期間経過前であっても、この申立が可能です。

不在者財産管理人は家庭裁判所が選任します。

申立に際し、裁判所から、管理人の報酬や管理事務費に充てるため、裁判所の定める金額の予納金の納付を求められることがありますので、事前に手続や費用を確認しましょう。

(2)不在者財産管理人の職務

不在者財産管理人は、管理すべき財産の目録を作成し、裁判所に提出します。不在者財産管理人は、保存行為と一定の利用または改良行為の権限を有します。

遺産分割協議には不在者財産管理人が不在者の法定代理人として参加します。合意の内容が決まったら、不在者財産管理人は、裁判所の権限外行為許可審判を得たうえで協議書を締結することになります。

━━━━━━━━●　税務の解説　●━━━━━━━━

① 行方不明者の相続税の申告期限

行方不明者の相続税の申告期限は、その者が被相続人の相続開始を知った日の翌日から 10 か月以内となります。行方不明者が相続の開始を知るのはその他の相続人より後になることが想定されることから、行方不明者以外の相続人の申告期限後に、行方不明者単独で申告納付を行うことになります。

なお、税務署長は、行方不明者の相続人に係る申告期限前であっても、被

相続人が死亡した日の翌日から 10 か月を経過した時は、その行方不明の相続人に係る相続税の決定を行うことができます。この場合、決定通知書が発せられた日の翌日から 1 か月を経過する日までに納付すべきことになりますが、行方不明者の納付すべき相続税は、他の相続人に連帯納付義務がありますので注意が必要です。

② 失踪宣告を受けた場合

失踪宣告により共同相続人の 1 人が死亡したとみなされた場合、その者に代わってその者の相続人が相続税の申告書を提出します。事例において、四男 A が独身で子供がいないとすると、A の父親が既に亡くなっている場合は、他の兄弟姉妹が A の相続人になります。この場合、亡母の相続財産は A 以外の兄弟姉妹で分割協議すればよいことになります。また、A 自身の相続財産についても A の相続人である兄弟姉妹で分割し、「失踪の宣告に関する審判の確定があったことを知った日」の翌日から 10 か月以内に申告します。

しかし仮に A に子供がいた場合、亡母の遺産分割協議に A の相続人である A の子供が入ることになります。

このように、数次の相続が重なった場合、本来の申告期限（この事例では、亡母の相続の開始があったことを知った日の翌日から 10 か月以内）を、死亡したものとみなされた A の相続人に限り、二次相続の開始があった日（審判の確定があったことを知った日）の翌日から 10 か月以内に伸長されます。

③ 不在者財産管理人が選任された場合

不在者財産管理人が選任された場合、行方不明者の相続税の申告手続は不在者財産管理人が行うことになります。

仮に申告期限までに選任されなかった場合、相続税の申告はいったん未分割として申告することになりますので、早めの対応が必要です。

養子がいる場合

Q19 亡父の遺産分割協議を進めようとしたら、亡父と養子縁組をしたという者が相続権を主張しています。養子縁組をしたかどうかはどのようにしたら確認できますか。また、養子の法定相続分はどうなっていますか。

A19

法務のポイント
亡父の出生から死亡までの戸籍謄本を取り寄せ、養子縁組の詳細を確認しましょう。養子は養親の子として数えられますので、実子と同じ法定相続分となります。

税務のポイント
養子縁組が租税回避の手段として利用されるのを防ぐため、相続税の計算上では、養子の数に一定の制限を設けています。

法務の解説

1 戸籍の確認

養子縁組が市町村に届け出られると、養親の戸籍謄本には縁組の年月日と養子の名前等の詳細が掲載されます。このように養子縁組の事実は戸籍謄本で確認できます。

また、その後、養子縁組の離縁を行った場合は養子と養親との間の親子関係は解消され、相続関係がなくなります。離縁についても市町村に届け出る必要があり、離縁の有無についても戸籍謄本で確認できます。

2 養子の法定相続分

養子は、縁組の日から養親の嫡出子の身分を取得します（民法809条）。
したがって、養子の法定相続分は実子と同様、民法第900条によって規律されます。例えば、子及び配偶者が相続人であるときは、子の相続分及び

配偶者の相続分は各2分の1となります。このとき、子が養子、実子の2人であれば、子の相続分2分の1を頭割りし（2分の1×2分の1＝4分の1）、実子及び養子の相続分は各4分の1となります。

なお、普通の養子縁組では、養子と実方の血族との親族関係はそのまま残りますので、実親についての相続権もあります。これに対し、特別養子縁組（民法817条の2）の場合、原則として実方の親族との血族関係が終了する縁組であるため、実親の相続権はありません（ただし、民法817条の3第2項但書に該当する場合は除きます（民法817条の9）。例：再婚相手の連れ子との特別養子縁組）。

●━━━━━━━━━━● 税務の解説 ●━━━━━━━━━━●

❶ 相続税の基礎控除額

相続税の基礎控除額は、「3,000万円＋600万円×法定相続人の数」で計算しますが、この計算における法定相続人の数に含める養子の数は次の制限があります。

・被相続人に実子がある場合…1人まで
・被相続人に実子がない場合…2人まで

なお、次のいずれかに該当する者は実子とみなすこととされ、養子の数の制限はありません。

・特別養子縁組による養子となった者
・被相続人の配偶者の実子で被相続人の養子となった者
・被相続人との婚姻前に被相続人の配偶者の特別養子縁組による養子となった者で、その婚姻後に被相続人の養子となった者
・被相続人の実子もしくは養子または直系卑属が相続開始前に死亡し、または相続権を失ったため相続人となったその者の直系卑属

養子の数の制限は、相続税の基礎控除額を計算する場合の「数」の問題で、実際の養子の数が何人であろうとも、すべて相続人であることには変わりありませんので、財産を相続で取得することに何らの制限はありません。

また、生命保険金等の非課税限度額（500万円×法定相続人の数）、死亡退職金の非課税限度額（500万円×法定相続人の数）における法定相続人の数も同様に制限があります。

このように、法定相続人の数が増えることで基礎控除額や非課税限度額が増えるとともに、法定相続分に応じた課税価格に超過累進税率（取得金額に応じた税率）を乗じて相続税の総額を計算するため、相続税の総額はより減少することになります。

以前は、節税の目的で養子縁組をする事例が多くあったため、相続税法では養子の数の制限が設けられています。現在でも養子縁組が相続税の負担を不当に減少させる結果になると認められる場合は、相続税の更正等により、税務署長の認めるところにより計算することができる規定があります。「相続税の負担を不当に減少させる結果となると税務署長が認める場合」とは、「その養子縁組に至つた経緯、養子縁組後から相続開始後の生活状態、当該相続開始後の遺産分割の状況など総合的に慎重に判断されることとなると思われるが、単に相続税の負担減少を目的とする養子縁組による場合などがこれに該当することは明らかであると考えられる。」と解説されています（『コンメンタール相続税法』。）

（参考）

相続税対策の養子が有効か否かをめぐって、平成29年1月31日、最高裁第三小法廷で養子縁組を無効と認めなかった下記の判決があります。

「養子縁組は、嫡出親子関係を創設するものであり、養子は養親の相続人となるところ、養子縁組をすることによる相続税の節税効果は、相続人の数が増加することに伴い、遺産に係る基礎控除額を相続人の数に応じて算出するものとするなどの相続税法の規定によって発生し得るものである。相続税の節税のために養子縁組をすることは、このような節税効果を発生させることを動機として養子縁組をするものにほかならず、相続税の節税の動機と縁組をする意思とは、併存し得るものである。したがって、専ら相続税の節税のために養子縁組をする場合であっても、直ちに当該養子縁組に

ついて民法802条1号にいう『当事者間に縁組をする意思がないとき』に当たるとすることはできない。

そして、前記事実関係の下においては、本件養子縁組について、縁組をする意思がないことをうかがわせる事情はなく、『当事者間に縁組をする意思がないとき』に当たるとすることはできない。」

❷ 養子縁組前後の贈与

相続や遺贈で財産を取得した人が、相続開始前3年以内に被相続人から贈与を受けていた場合、その財産の価額を相続税の課税価格に加算します。

相続時精算課税を適用して贈与を受けていた場合には、それが何年前であっても相続税の課税価格に加算しなければなりません。たとえ既に離縁して養子でなくなっていた場合でも課税価格に加算する必要があります。この場合は、離縁により一親等の血族に該当しないこととなるため、相続税額の2割加算の対象になります。

相続人がいない場合の葬儀費用等立替金の清算

遠方に住むいとこが死亡しましたが、法定相続人がいません。遺産は、自宅マンションやマンション管理費が引き落とされている預金口座、生前の自宅内の動産があることはわかっていますが、他にもあるかもしれません。私が葬儀費用と先祖の墓への納骨費用を立て替えました。今後、どうしたらよいでしょうか。立替金は清算してもらえますか。

法務のポイント

家庭裁判所へ相続財産管理人選任の申立を行い、相続財産管理人が選任された場合には、その手続の中で相続財産の管理、換価、清算の手続が進められます。葬儀費用等の支出の裏付けと明細を相続財産管理人に示しましょう。

税務のポイント

相続人が不存在の場合、相続財産自体を法人とみなします。相続財産法人にも、納税義務が生じることがあるので注意しましょう。

法務の解説

1 相続財産管理人の選任申立

戸籍謄本で確認しても相続人が見当たらない場合、相続財産に法律上の利害関係を有する者または検察官が、被相続人の最後の住所地を管轄する家庭裁判所に相続財産管理人選任の申立を行う手続が用意されています（民法 952 条 1 項）。

利害関係人には、例えば、相続債権者や担保権者、事務管理者、成年後見人であった者、葬儀費用を立て替えた債権者、特別縁故者として財産分与の申立をしたいと考える者が含まれます。

相続財産管理人は、その職務上、高度な法的知識と経験が必要なケースも多く、弁護士等専門職が選任されることが多いといえます。

相続財産管理人選任申立に当たり、申立人は、管理人の報酬や管理事務

費に充てるため、裁判所が定める金額の予納金の納付を求められます。

② 相続財産管理人の職務

(1)主な職務

相続財産管理人は、被相続人の財産を調査し、財産目録を作成します。申立人が提出した申立書類や申立人からの事情聴取も財産調査にとって重要な手がかりになります。

さらに、相続債権者・受遺者に対する債権申出の催告公告の手続等を行い、公告期間満了後、相続債権者・受遺者の債権額や財産状況等を見極め、弁済手続を行います。債務超過の場合は管理費用を清算した上で配当手続を行います。債務超過でなければ相続人捜索の公告手続を裁判所に申し立てます。

その間、並行して相続財産を管理し、順次、預貯金口座の解約等相続財産の換価等を行います。保存行為、管理・改良行為を超える行為が必要になった場合には(例えば、有価証券・動産の換価、不動産売買契約締結、被相続人の死後発生した立替金清算等)、裁判所の権限外行為許可を得て実行します。

被相続人が遺言を残している可能性を考慮し、トラブルを避けるため、相続財産管理人が不動産処分や立替金の弁済等を行う時期は、原則として受遺者の請求申出の公告期間の経過後となります。

(2)葬儀・納骨費用の清算

本問のように既に葬儀・納骨費用の支払いが行われている場合、相続財産管理人選任を申し立てる段階で、申立書の中でもこれらの清算が必要であることにも触れるとよいでしょう。相続財産管理人選任後、被相続人の財産や情報を引き継ぐ際に、自己が被相続人のために執り行った葬儀・納骨費用の明細と総額を、領収書等の裏付けも添えて、相続財産管理人に提出しましょう。

被相続人の相続財産額や他の相続債権者・受遺者の請求申出の有無が明

らかとなった後、立替金支払者に対する弁済について、裁判所の権限外行為許可を得て清算手続が進められます。

具体的弁済額については、立替金額の合理性・相当性、相続財産の残高、相続財産管理事務費の額等によるため、必ずしも立替金額の支払いが行われるとは限りません。

●━━━━━━━━● **税務の解説** ●━━━━━━━━●

相続人が不存在の場合、相続財産自体を法人としてみなすことになります。これを「相続財産法人」といい、法人として納税義務が生じます。

❶ 法人税

相続財産法人が財産を処分したり、相続財産に利息や家賃収入によって生じた所得について、原則的には法人税を納付する義務があります。法人税は、事業年度終了の日の翌日から2か月以内に申告・納付する必要がありますが、事業年度の定めがなく、届出もしない場合には、納税地の所轄税務署長が会計期間を指定することとなっています。

なお、相続人不存在の相続財産は、特別縁故者が現れない限り、最終的に国庫に帰属することから、実務上は申告を要しないとする見解もあります。

❷ 固定資産税等

固定資産税は、毎年1月1日（賦課期日）現在の固定資産の所有者を納税義務者として、当該固定資産所在の市町村（東京都23区内は東京都）において課される税金です。都市計画税は、都市計画法による都市計画区域のうち、原則として、市街化区域内に所在する固定資産に対して課税され、固定資産税と併せて徴収されます。

所有者とは、登記簿または土地（家屋）課税台帳・土地（家屋）補充台帳に、所有者として登記または登録されている人をいいますが、下記に該当する場合は、例外的に賦課期日において「現実に」土地または家屋を所有している人を納税義務者とすることとしています。

(1) 所有者として登記等されている個人が賦課期日前に死亡しているとき

(2) 所有者として登記等されている法人が賦課期日前に消滅しているとき

(3) 所有者として登記されている非課税団体（国ならびに都道府県等）が賦課期日前に所有者でなくなっているとき

賦課期日において相続人が不存在である場合、相続財産法人が固定資産税等の納税義務者となります。

3 準確定申告

被相続人の死亡した年分の所得税は、相続の開始があったことを知った日の翌日から4か月を経過した日の前日までに申告書を提出しなければなりません。これを「準確定申告」といいます。

相続人不存在の場合は、納税義務を承継することとされている相続財産法人が、準確定申告の申告義務を負うことが合理的であるとされています。なお、この場合の申告期限は、相続財産管理人が確定した日の翌日から4か月を経過した日の前日となります。

Q21 法定相続人はいないが、自分への遺言があるかもしれない場合

遠方に住むいとこが死亡しましたが、法定相続人がいません。以前、本人から、「遺言を書いておいたから」と電話があったことを思い出し、私のほうで公証役場や本人の自宅マンションを探しましたが、遺言書は見つかっていません。どうやら銀行の貸金庫にあるようです。今後、どうしたらよいでしょうか。

A21

法務のポイント

家庭裁判所へ相続財産管理人選任の申立を行いましょう。申立書に被相続人から遺言を書いておいたとの話があったことも記載し、相続財産管理人が選任されたら、同管理人に銀行貸金庫内の遺言を探してもらうよう伝えましょう。見つかった遺言書にあなたへの遺贈が記載され、あなたが遺贈を受けることを承諾する場合、相続財産管理人に対しその意思を伝えましょう。

税務のポイント

相続人が不存在の場合、相続財産自体を法人とみなします。相続財産法人にも納税義務が生じることがあります（Q20参照）。第三者が遺贈によって3,000万円（相続税の基礎控除額）を超える財産を取得した場合には、相続税の申告が必要です。

● 法務の解説 ●

1 相続財産管理人による遺言書の調査

(1) 相続財産管理人の選任

法定相続人でないいとこが、何も権限を示さずに貸金庫の開錠手続をとることは難しいと思われます。この場合は、家庭裁判所に相続財産管理人選任の申立をするのがよいでしょう。

相続財産管理人の選任申立等については、Q20を参照してください。

(2)相続財産管理人の職務

被相続人が「遺言を書いた」と述べていた、といった情報を申立人が把握していた場合、相続財産管理人選任申立書にそのこと及び既に行った探索方法などを記載しておくべきでしょうし、申立書に記載しなかった場合でも、同管理人選任後、被相続人に関する各種情報や資料を引き継ぐ際に、相続財産管理人に伝えましょう。

上記情報をもとに、相続財産管理人は、銀行の貸金庫、申立人が調査を行っていない場合には公証役場への遺言検索システムの利用による公正証書遺言の調査、また今後運用される法務局における自筆証書遺言の保管制度利用の可能性が生じればその調査等を行います（Q4参照）。

遺言書が見つかったら、自筆証書遺言の場合には、相続財産管理人は遺言の発見者として家庭裁判所の検認手続を申し立てることになります。検認を経たうえでないと封緘された遺言書を開封することはできません。

なお、令和2年7月10日以後に法務局において保管されていた自筆証書遺言については検認の必要はありません。

遺言書に「いとこ○○に遺贈する」旨が書いてあれば、いとこは受遺者になります。受遺者は遺言書写しを受領し遺言内容を確認し、遺贈を承諾するかどうかを、本問では相続財産管理人及び遺言執行者（下記**2**のとおり相続財産管理人が兼任している場合もあります）に対し意思表示を行います。また、受遺者は、遺贈を受ける財産について相続財産管理人に請求の申出の公告期間内に申出を行うと定められていますが、実際の手続は相続財産管理人に確認してください。

すべての財産を○○に遺贈する、といった全部包括遺贈の遺言があり、受遺者が遺贈を承諾する場合は、相続財産管理人の清算事務は不要となりますので、既に選任審判が下っていた場合は受遺者に引き継いで相続財産管理人選任事件は終了の手続に入ります。

なお、探索しても遺言書が発見されなかった場合は、遺言はないものとして扱う他ないと思われます。葬儀費用等の立替金の清算はQ20、特別縁故

者については Q22 を参照してください。

❷ 遺言執行者が必要な場合の取扱い

　相続財産管理人選任後、遺言書が見つかり、執行行為が必要であるのに当該遺言に遺言執行者が指定されていない場合は、相続財産管理人は、自ら遺言執行を行うことについて裁判所と事前相談のうえ、権限外行為許可を得て遺言執行を行います。

　遺言執行者が当該遺言で指定されている場合、相続財産管理人は、その者に対し遺言執行者への就任を承諾するかどうか確認し、その者が就任しない場合は上記と同様になると考えます。その者が就任する場合は、相続財産管理人と遺言執行者とが権限を調整しながら手続を進めていくことが見込まれます。

━━━━━━● 税務の解説 ●━━━━━━

　相続財産法人の納税義務については、Q20 を参照してください。

❶ 遺贈を受けた場合

　遺贈を受けた財産が相続税の基礎控除（法定相続人がいないため、3,000 万円）を超える場合は、自己のためにその遺贈のあったことを知った日の翌日から 10 か月以内に相続税の申告・納税が必要です。

　本ケースの受遺者は、被相続人の一親等の血族（代襲相続人となった直系卑属を含みます）及び被相続人の配偶者以外の者に該当しますので、相続税額の 2 割加算（70 ページ参照）の適用があります。

　なお遺贈の相手が法人であった場合、次の取扱いとなります。

(1)普通法人に遺贈された場合

　法人の受贈益として法人税の課税の対象になります。

　当該法人の株式を保有している相続人等はそれによる株価上昇分について、被相続人から遺贈を受けたとみなされて相続税の課税の対象になりま

す。

また遺贈した資産が譲渡所得の起因となる資産（不動産や有価証券）であった場合は、相続開始時に被相続人が法人に時価で譲渡したものとみなされ譲渡所得税が発生します。これは被相続人の準確定申告で行います。準確定申告に係る納税義務は相続人または包括受遺者が承継し債務控除することになりますので、法人に包括遺贈を行っている場合には、負担した譲渡所得税は法人の損金に計上することができます。

(2) 公益法人等に遺贈された場合

公益法人等への遺贈による受贈益は、収益事業ではないため法人税の課税関係は生じません。みなし譲渡所得課税については、租税特別措置法第40条(注)の適用がある場合は非課税となります。適用がない場合の遺贈は(1)と同様です。

> (注) 租税特別措置法第40条
> 公益法人等に対する財産の贈与または遺贈で、教育または科学の振興、文化の向上、社会福祉への貢献その他公益の増進に著しく寄与すること、その後2年を経過する日までの期間内に公益法人等の公益目的事業の用に直接供され、または供される見込みであること等の国税庁長官の承認を受けたものを非課税とする措置。

なお、公益法人の関係者の相続税の負担が不当に減少する結果となる場合（相続税法66条4項）には、公益法人を個人とみなして相続税の課税が行われることとされています。この場合、相続税の2割加算の対象になります。

(3) 一般社団法人に遺贈された場合

持分のない法人である一般社団法人は、上記(2)と同様、不当減少が認められる場合を除き相続税の課税は生じないことから、相続税対策として一般社団法人を設立してそこに個人の財産を移転する動きが目立ちました。しかし平成30年度の税制改正により、特定一般社団法人等(注)の理事（理事でなくなった日から5年を経過していない者を含みます）が死亡した場合には、その特定一般社団法人等を個人とみなして、次の算式により算出された金額を

遺贈により取得したものとみなして特定一般社団法人等に相続税が課されることとなりました。この改正は、平成30年4月1日以後の理事である者の死亡について適用されますが、特定一般社団法人等が平成30年3月31日以前に設立されたものである場合には、理事の構成を変更するための時間を考慮し、令和3年4月1日以後の相続について適用することとされています。

$$\frac{相続開始時における特定一般社団法人等の純資産額}{相続開始時の特定一般社団法人等の同族理事の数＋1}$$

(注) 特定一般社団法人等
　　　非営利型以外の一般社団法人、一般財団法人で相続開始直前の被相続人に係る同族理事の割合が2分の1超、または相続開始前5年以内（平成30年3月31日以前の期間を除きます）に2分の1超だった期間の合計が3年以上ある場合。

相続人がいない場合の特別縁故者への財産分与

いとこが死亡しましたが、法定相続人がいません。私は長年、独身のいとこの療養看護等を無償で行ってきました。いとこの療養費や葬儀費用等も一部立て替えています。生前、私への遺贈に関し公正証書遺言作成も話題になりましたが、公正証書遺言を作る前に急逝してしまいました。いとこの遺産はどうなりますか。私にも分配されますか。

法務のポイント

まず、家庭裁判所へ相続財産管理人選任の申立を行い、相続財産の管理、換価、清算を行ってもらいます。遺産の分配については、相続人がいなければ特別縁故者への財産分与の道がありますので、特別縁故者の財産分与請求を法定の期間内に申し立てましょう。

立替債権については特別縁故者の財産分与の手続ではなく、相続財産管理人に請求しましょう（Q20参照）。

税務のポイント

特別縁故者が財産の分与を受けた場合、相続税法上では遺贈によって取得したものとみなされるため、相続財産の価額が3,000万円（相続税の基礎控除額）を超える場合、相続税の申告が必要です。

 法務の解説

相続財産管理人の選任申立と、相続財産管理人の主な職務、葬儀費用等の立替金の清算に関しての詳細は、Q20を参照してください。

❷ 特別縁故者の財産分与請求の申立

(1)特別縁故者とは

特別縁故者とは、被相続人の生前、被相続人と生計を同じくしていた者、被相続人の療養看護に努めた者その他被相続人と特別の縁故があった者をいいます（民法958条の3）。

まず、相続財産管理事務手続により被相続人の相続財産について債権者への債務の弁済、受遺者がいる場合は受遺者への遺贈等を行い、清算し、なお遺産があるとき、相続財産管理人の申立により家庭裁判所は相続人を捜索するための公告を行います。この公告で定められた期間内に相続権を主張する者がなかった場合、特別縁故者であると主張する者が財産分与の申立（財産分与請求）を行う期間が民法上定められています。

裁判所は、この財産分与請求の申立を受け、審理の結果、相当と認めるときは、残存している相続財産の全部または一部を特別縁故者に与える審判を下すことができます。

これは、相続財産残額が国庫に帰属する前に、被相続人の生前、法律上の相続関係はないけれども被相続人と生計を同じくしていた者や療養看護に努めた者等、被相続人と特別の縁故があった者に財産分与することが被相続人の意思や国民感情にも沿うものと考えられ、設けられた規定です。

(2)特別縁故者の財産分与請求の申立期間

特別縁故者の財産分与請求を行う場合は、申立期間が下記のとおり法定されていますので、その期間内に申立を行う必要があります。

すなわち、相続財産管理手続における相続人捜索の官報公告期間として、その公告の中で6か月を超える期間が定められており、その期間満了までに相続権を主張する者がなかった場合、同期間満了から3か月以内に、特別縁故者の財産分与請求を管轄裁判所に対し申し立てる必要があります。

いつ相続人捜索の公告期間が満了するかについては、官報公告を見れば

わかりますが、相続財産管理人選任事件の申立人であれば相続財産管理人に問い合わせるのが簡便かもしれません。

(3)特別縁故者の財産分与請求申立に関する留意点

特別縁故者の財産分与請求の申立人は、申立に際し、これまでの被相続人との関係をわかりやすく過不足なく申立書に記載し、適宜の裏付けを添付する必要があります。

なお、「葬儀をあげ、菩提寺へ埋葬する手続をとった」等、死後の関係があるというだけでは特別縁故者とはいえません。また、生前の被相続人との関係が普通の親戚付き合いの域を超えていないような場合も、特別縁故者とは認められません。

特別縁故者と認められるかどうかは微妙なケースも多いので、審判例を調べたり、相続財産管理人に就任した経験のある弁護士等専門家に相談してみましょう。

裁判所は、申立人の言い分を認めるか否か、認める場合にはいくらの分与を行うかの審判を下すに当たり、相続財産管理人の意見を聞きます（家事事件手続法205条）。

財産分与の審判に対し不服がある場合、相続財産管理人または申立人は即時抗告が可能です（家事事件手続法206条1項1号）。また、財産分与の申立却下の審判に対して不服がある場合、申立人は即時抗告が可能です（家事事件手続法206条1項2号）。

━━━━━━━━━━ **税務の解説** ━━━━━━━━━━

相続財産法人の納税義務については、Q20を参照してください。

① 特別縁故者の相続税

特別縁故者が分与された財産は、遺贈によって取得したものとみなされます。財産は分与が確定した年度の時価により評価し、相続税の申告が必要な場合は、分与の審判が確定した日の翌日から10か月以内に相続開始

時点の相続税法に基づいて申告・納税します。

このように、財産評価の時点と適用法令時点のズレがあることに注意が必要です。

相続税の課税価格には、被相続人から相続開始前3年以内に贈与された財産も加算します。一方、特別縁故者は、相続人ではないため、債務控除の適用はありません。ただし、被相続人の葬式費用や入院費用等で、相続開始の際に未払いであったものを実際に支払った場合には、分与を受けた財産から控除することができます。なお、相続税額の2割加算の対象になります。

2 特別縁故者の所得税

特別縁故者が分与を受けた財産は相続税法では、遺贈によって取得したものとしています。相続・遺贈により取得した財産を譲渡した場合の、取得費・取得価額は、被相続人の取得費・取得価額を引き継ぐとされていますが、特別縁故者が分与を受けた財産を譲渡した場合、これとは異なる解釈がされています。

所得税法上は、相続財産の分与として取得した財産を遺贈により取得したものとみなす規定がないため、取得した財産はその分与を受けた時に、その時の価額により取得したことになる扱いです。

特別寄与料（相続人ではないが被相続人に特別寄与した親族（特別寄与者）への支払い）
義理の父が亡くなりました。私は長男の嫁として長年義理の父の介護をしてきましたが、既に私の夫も亡くなっています。遺言もありませんが、私も相続財産の一部を取得することができますか？

法務のポイント

平成30年の民法等の改正で、相続人以外の親族の被相続人に対する貢献を考慮する方策ができました。

税務のポイント

相続人以外の親族が取得した特別寄与料は相続税の対象となり、相続税額は2割加算されます。

法務の解説

1 これまでの取扱い

これまでは、相続人以外の親族は、被相続人の介護等に尽くしても、相続人がいる限り、遺贈や死因贈与契約がないと相続財産を取得することはできませんでした。なお、相続人が存在しない場合には、相続財産管理人選任を申し立て、相続財産が国庫に帰属する前に特別縁故者として、相続財産の分与を受ける道があります（Q22参照）。

2 平成30年の民法等の改正後

今後は、被相続人の亡き長男の妻が被相続人の介護をしていた場合などについて、相続の開始後、相続人に対して、特別寄与料の支払いを請求することができるようになりました（民法1050条）。

詳しくいいますと、被相続人の親族（六親等内の血族及び三親等内の姻族のうち、相続人ではない者）が、被相続人に対して、無償で、療養看護その他の労務の提供をしたことにより、被相続人の財産の維持または増加について特別

の寄与をした場合が対象となります。

この改正は、令和元年7月1日から施行されており、施行後に開始した相続について適用されます。施行日前に開始した相続については適用されません。

遺産分割の手続が過度に複雑にならないように、遺産分割は相続人だけで行い、相続人に対する金銭請求を認めることにしたものです。

相続人が複数の場合、特別寄与者は、その選択に従って相続人の一人または数名に対して特別寄与料を請求できます。各相続人の負担額は、特別寄与料の額に当該相続人の相続分（法定相続分または指定相続分）の割合を掛けた額となります。

❸ 家庭裁判所の活用と期間制限

特別寄与料の支払いについて、当事者間の協議が調わないとき、または協議をすることができないときは、特別寄与者は、家庭裁判所に対して処分を請求することができることとなっています。

この処分の請求は特別寄与者が相続の開始及び相続人を知った時から6か月内または相続開始時から1年内に行う必要があります。遺産分割への影響を考慮し、特別寄与者が権利行使するか否かを早期に明らかにするためです。

━━━━●　税務の解説　●━━━━

特別寄与料の支払いを受ける親族は、特別寄与料を遺贈により取得したものとみなされ、相続税の課税対象となります。また相続人ではない親族が取得することから相続税額の加算（2割加算）の対象となります。

一方で、特別寄与料を支払う相続人は、課税価格から支払う特別寄与料の金額を控除します。

なお、特別寄与料を取得した親族は、それによって新たに相続税の申告義務が生じた場合、特別寄与料の支払額が確定したことを知った日の翌日から10か月以内に相続税の申告書を提出しなければなりません。また、相

続税申告後に、特別寄与料の支払いをした相続人は、それによって課税価格が減額され、申告した相続税が過大となるため、更正の請求をすることができます。

遺産の範囲の確定

亡母の遺産分割協議を兄弟間で行っています。遺産と思われる亡母名義の預金口座がありますが、それについて、長男は、「実際は自分が稼いだお金であり、母親名義を借りて預金したものである」と主張しています。どうしたらよいでしょうか。

法務のポイント

遺産分割協議の前提として、遺産の範囲を確定しておく必要があります。

税務のポイント

相続税の対象となる遺産の範囲においても形式的な名義によらず、実質的な権利者は誰かを判断することが必要です。

● 法務の解説 ●

1 遺産の確定は遺産分割協議の前提問題

遺産分割協議を行うためには、何が遺産分割対象となる相続財産（遺産）かを特定する必要があります。

そうでないと、全体の遺産総額がわからず、公平に遺産分割協議を行うことが困難であるからです。

したがって、遺産の確定は原則として遺産分割協議の前に確定すべき先決問題といえます。協議の途中でこうした先決問題について争いが生じた場合は、いったん協議を中断し、先に当該財産の帰属を確定させる必要があります。

ただし、決着に時間がかかる場合には、被相続人が遺言で禁じていない限り、相続人全員の合意があれば先に一部の遺産についてだけ遺産分割協議を行うことも可能ですので、事案に応じて相続人全員の合意のもとで進めましょう。

預貯金債権が遺産分割の対象となることについてはQ32を参照してくだ

さい。

 預金口座の帰属についての争いがある場合

　真の権利者であると主張する者が金融機関に対し預金払戻しを請求した事案について、裁判例では、形式的な名義人ではなく、預金の原資を出した人（真の出捐者）が誰か、通帳と届出印鑑等を管理・使用しているのは誰か等の事情が総合的に考慮され、その預金の権利者が認定されています。金融機関において借名口座の開設は一切認められていないので、実際は自分が権利を有すると主張する者が、その事実を立証することが必要です。

　相続人間で当該預金が相続預金か否かを争う場合も、同様に、当該預金の真の出捐者が誰か、通帳、届出印鑑等の管理、使用状況等の事情を総合的に考慮して決するべきと考えます。このようなケースでは、事案により考慮要素が異なる場合がありますので、早めに法律相談を受けることをお勧めします。

━━━━━●　**税務の解説**　●━━━━━

　税務においても、預金口座の帰属は、形式的な名義人ではなく、預金の原資を出した人（真の出捐者）が誰か、通帳と届出印鑑等を管理・使用しているのは誰か等の事情が総合的に考慮され、その預金の権利者が認定されます。

　なお、特に相続税の調査等で問題になることが多いのは、ご質問のケースとは反対に、名義が被相続人以外である預金口座について、権利者は被相続人であると指摘されるものです。例えば、収入のない配偶者名義の預金の原資が、被相続人から渡された生活費の余剰を貯めたものであった場合、その都度、贈与があったことが明らかにされない限り、被相続人の預金として認定されることになります。

先代の登記名義のままの不動産の帰属を確定したい

父は約10年前に亡くなりました。相続人は母と子である私ですので法定相続し、母と私が自宅不動産にそのまま居住してきました。最近自宅不動産の登記簿謄本をよく見たところ、亡父以前に亡くなった祖父の名義のままになっていました。亡祖父の相続人は、長男である亡父、次男、三男、長女がいます。さらに相続が発生し複雑になる前に、自宅不動産の登記を私と母名義にしておきたいのですが、認められますか。

法務のポイント

先代の相続時に遺産分割協議を経ているか否かによって扱いが異なります。弁護士への法律相談を行いましょう。

税務のポイント

先代の資産が未分割の場合は、法定相続分により相続財産へ計上することになります。

法務の解説

1 亡祖父の遺産分割協議が成立している場合

事例について、亡祖父（先代）の相続時に亡父が本件不動産を単独で取得する遺産分割協議が成立し協議書もそのときの印鑑証明書もあるが相続登記手続がなされていなかったという場合には、遅ればせながら、被相続人亡祖父の遺産分割協議書による登記手続と亡父の相続登記手続とを両方行いましょう。

2 亡祖父の遺産分割協議が成立したか不明の場合

亡祖父の相続人間で遺産分割協議が成立したか不明である場合もあり得ます。亡祖父の相続開始当時の状況、現在に至るまでの居住期間、経緯、残っている書面等から慎重に法律関係を確認する必要があります。

関係者が遺産分割協議を行う必要がある場合、亡祖父の死亡から時間が経過するほど、関係者の数は多くなり、困難な状況になります。

当該不動産の取得時効（民法162条）の援用を行う余地があるかも、検討

したほうがよいケースも中にはあります。

最高裁判所昭和47年9月8日判決（判例時報685号92ページ）は、「共同相続人の一人が、単独に相続したものと信じて疑わず、相続開始とともに相続財産を現実に占有し、その管理、使用を専行してその収益を独占し、公租公課も自己の名でその負担において納付してきており、これについて他の相続人がなんら関心をもたず、もとより異議を述べた事実もなかつたような場合には、前記相続人はその相続のときから自主占有を取得したものと解するのが相当である」と述べています。

また、最高裁判所平成8年11月12日判決（民集50巻10号2591ページ）は、上告人ら（X1、X2）の本件土地建物の事実的支配が外形的客観的にみて独自の所有の意思に基づくものと判断した事例です。その判断要素では、X1は、本件土地建物について亡夫Aが生前にその父Bから贈与を受け、これを相続したものと信じて、その登記済証を所持し、固定資産税を継続して納付しつつ、管理使用を専行したこと、本物件の一部について賃借人から賃料を取り立ててこれを専ら生活費に費消してきたこと、従来からの占有管理の状況、Bの相続人らが異議を述べていないことが挙げられています。自己名義への所有権移転登記手続を長期間求めなかったことは、Xらの占有について所有の意思を認める上で妨げとなるものとはいえないとも判示しています。

③ 早めの法律相談が重要

具体的事案に応じた法的な分析や評価が必要な問題が含まれていますので、自分で対応する前に、早めに弁護士の法律相談を受けることをお勧めします。

④ 法定相続分を超える部分の承継についての注意

相続による権利の承継において、法定相続分を超える承継をした部分の承継については、第三者に対抗するためには対抗要件を備える必要があります。平成30年の民法等改正によって、「相続させる旨の遺言」（特定財産承

継遺言）の場合にも同様となりました。この改正の施行日と適用関係などの詳細は Q47 を確認してください。この意味でも、今後は、相続した不動産の登記手続は速やかに行う必要があります。

● 税務の解説 ●

　相続財産に該当するか否かは、名義だけで判断するものではありません。本件のように先代名義になっている不動産も本人の権利があれば、相続財産となります。その際、未分割遺産として共有持分で計上するのか、遺産分割は成立済みで単に登記を変更していなかっただけであるため単独所有として扱うのかは、よく事実を確認のうえ、慎重に行いましょう。

相続放棄
独身の兄が亡くなり、弟である私が法定相続人ですが、兄には資産を超える多額の負債があることがわかり、相続したくありません。どうしたらよいでしょうか。

法務のポイント

相続放棄を行う場合は、民法所定の熟慮期間内に家庭裁判所へ申述の手続をとることが必要です。相続財産の全部または一部の処分等を行うと単純承認とみなされます。

税務のポイント

相続放棄をしても相続税の基礎控除等の計算においては、放棄がなかったものとして取り扱われます。相続を放棄しても、遺贈により財産を取得した場合や生命保険金等を取得した場合は、相続税の負担が生じることがあります。この場合、債務控除の適用はありません。

● 法務の解説 ●

1 相続放棄とは

相続が開始した場合、相続人は、単純承認、限定承認、相続放棄のいずれかを選択することができます。相続放棄は、被相続人の死亡時に遡って初めから相続人とならなかったとみなされる効果を生じさせる法律行為であり、被相続人の権利義務一切を承継しません（民法939条）。

これと真逆なのが単純承認です。相続を単純承認すると被相続人の権利義務（一身専属権を除きます）を承継します。限定承認についてはQ27を参照してください。

相続放棄は、下記 **2** のとおり、民法所定の熟慮期間内に家庭裁判所への申述を行うことが必要です。

相続放棄を選択するのは相続財産が債務超過だから、といった理由が多いでしょうが、自分の意思で相続放棄を行う限り、放棄の理由に限定はなく、例えば被相続人から生前に贈与を受けている、生活が安定している、遺産を分散させたくない等、様々です。

2 相続放棄の申述

相続放棄を行うためには、相続人は、自己のために相続の開始があったことを知った時から3か月以内に家庭裁判所に相続放棄申述を行うことが必要です（民法915条1項本文、938条）。

相続人が未成年者や成年被後見人であるときは、その法定代理人が代理して申述します（なお、相続放棄に当たり、法定代理人と当該未成年者の間で利益相反が生じる場合には特別代理人の選任を要します。成年被後見人の場合は、後見監督人が選任されていれば同監督人が行いますが、後見監督人が選任されていない場合は後見事件が係属している裁判所に相談しましょう。Q14も参照）。この場合の上記期間は、その法定代理人が、未成年者または成年被後見人のために相続の開始があったことを知った時から起算します。

3 相続の承認または放棄の期間（熟慮期間）の伸長の申立

相続人は、自己のために相続の開始があったことを知った時から3か月以内に相続財産の状況を調査しても、相続を承認するか放棄するかを判断する資料が得られない場合には、3か月の限度で相続の承認または放棄の期間の伸長の申立を行うことができ、この申立により、家庭裁判所はその期間を伸ばすことができます。

また、当該相続人は、伸長後の熟慮期間によっても承認・放棄の判断資料が得られない場合、さらに3か月の限度で伸長の申立を行うことができ、裁判所は期間伸長の可否を判断します。

4 熟慮期間の起算点に関する裁判例

自己のために相続の開始があったことを知った時から3か月が過ぎた場

合でも、例外的に、民法第915条第1項所定の熟慮期間の起算点を後ろに
ずらす場合があることを認め、当該相続人を救済した下記の裁判例（昭和59
年4月27日最高裁判所判決・民集38巻6号698ページ）があります。

　相続人において、相続開始の原因たる事実及びこれにより自己が法律上
相続人となった事実を知った場合であっても、「右各事実を知った時から3
か月以内に限定承認又は相続放棄をしなかったのが、被相続人に相続財産
が全く存在しないと信じたためであり、かつ、被相続人の生活歴、被相続人
と相続人との間の交際状態その他諸般の状況からみて当該相続人に対し相
続財産の有無の調査を期待することが著しく困難な事情があって、相続人
において右のように信ずるについて相当な理由があると認められるときに
は、」（中略）「熟慮期間は相続人が相続財産の全部又は一部の存在を認識し
た時又は通常これを認識しうべき時から起算すべきものと解するのが相当
である」。

　いずれにしても熟慮期間の起算点をずらすことが認められるかどうかは、
具体的事実関係を元に判断されます。

⑤ 法定単純承認

　次の各号の場合、相続人は、法律上、単純承認をしたとみなされますので、
相続放棄も限定承認もできません（民法921条）。

1号　相続人が相続財産の全部又は一部を処分したとき。ただし、保存行為
　　　及び第602条に定める期間を超えない賃貸をすることは、この限りでない。

2号　相続人が第915条第1項の期間内に限定承認又は相続の放棄をしな
　　　かったとき。

3号　相続人が、限定承認又は相続の放棄をした後であっても、相続財産の
　　　全部若しくは一部を隠匿し、私にこれを消費し、又は悪意でこれを相続財
　　　産の目録中に記載しなかったとき。ただし、その相続人が相続の放棄をし
　　　たことによって相続人となった者が相続の承認をした後は、この限りでな
　　　い。

ただし、共同相続の場合、単純承認をしたとみなされる行為を行った者と行っていない者の公平を図るうえで、限定承認をした共同相続人の1人または数人について民法第921条第1号または第3号の事由があるときは、相続債権者は、相続財産をもって弁済を受けることができなかった債権額について、単純承認をしたとみなされる行為を行った共同相続人に対し、その相続分に応じて権利を行使することができるとの特則があります。

●━━━━━━━━━━ **税務の解説** ━━━━━━━━━━●

相続の放棄があった場合の相続税の取扱いについては、下記のとおりです。

1 相続の放棄がなかったものとされる規定

相続税の総額を計算するうえにおいて、遺産に係る基礎控除額（3,000万円＋法定相続人の数×600万円）や、生命保険金や死亡退職金の非課税限度額（500万円×法定相続人の数）の計算上、相続の放棄はなかったものとして法定相続人の数にカウントされます。

2 相続の放棄をした者の課税の取扱い

相続の放棄をした場合であっても遺贈により財産を取得する場合や、生命保険金等を取得することはありますが、その場合はすべて遺贈によって財産を取得したものとみなされるため、相続税の課税が生じることがあります。放棄した人は、債務控除、相次相続控除（今回の相続開始前10年以内に被相続人が相続または遺贈によって財産を取得し相続税が課されていた場合、今回の相続税から一定の金額を控除する制度）の適用はなく、生命保険金や死亡退職金の非課税枠を適用することもできません。

ただし、相続を放棄した場合であっても、それが遺贈により財産を取得した配偶者であれば配偶者の税額軽減の特例の適用を受けることができます。また、未成年者控除や障害者控除の適用もあります。

また、相続を放棄した人が被相続人から相続時精算課税制度による贈与

を受けていた場合において、相続税の基礎控除額を超えるときは、相続税の申告義務があります。

③ 準確定申告

相続放棄は、自己のために相続の開始があったことを知った時から3か月以内に家庭裁判所に申述の手続を行う必要がありますが、相続の承認または放棄の期間伸長の申立によりさらにその期間を伸ばすことができます(熟慮期間)。

このように、相続を承認するか放棄するかの決断は伸長することができますが、被相続人の所得(その年1月1日から死亡の日までに係る所得)についての確定申告(準確定申告)は、相続の開始があったことを知った日の翌日から4か月以内と定められており、熟慮期間中であっても申告の期限延長はされないので注意が必要です。

Q27 限定承認

亡父とともに家業を行っていましたが、亡父には多額の借金がありました。亡父が所有していた家業の設備等を承継したいため、相続放棄は行いたくありません。どうしたらよいでしょうか。なお、家業は法人化していません。

A27

法務のポイント

限定承認という方法がありますが、これは、民法所定の期間内に家庭裁判所へ申述を行う必要があります。相続人が複数いる場合は共同相続人全員で行う必要があります。相続財産の全部または一部の処分等を行うと単純承認とみなされます。

税務のポイント

限定承認をした場合、被相続人の準確定申告において、資産を時価で譲渡したものとして申告する必要があります。

法務の解説

1 限定承認とは

相続人は、相続によって得た財産の限度においてのみ被相続人の債務及び遺贈を弁済すべきことを留保して、相続の承認をすることができます（民法922条）。これを限定承認といいます。つまり、相続財産から得られた範囲でのみ相続債権者や受遺者に弁済するという有限責任です。

本問で、相続財産が家業の設備等のみであれば、限定承認した相続人はその財産価値に相当する金額を相続債権者に弁済すれば、家業の設備等を相続できます。

相続人が数人あるときは、限定承認は、共同相続人の全員が共同してのみ可能となります。実務上、全員で限定承認することもありますが、共同相続人のうち、1人だけ残して相続放棄の申述を行い、残った1人の相続人

が限定承認の申述を行う場合もあります。

❷ 限定承認の手続

(1)裁判所への法定期間内の申述

相続人は、限定承認をしようとするときは、民法第915条第1項の期間内に、相続財産の目録を作成して家庭裁判所に提出し、限定承認をする旨を申述しなければなりません。この熟慮期間の伸長については、Q26の相続放棄の記載を参考にしてください。

(2)官報公告、個別催告

限定承認をした者(限定承認者)は、限定承認をした後5日以内(後記の相続財産管理人がいる場合は選任後10日以内)に、すべての相続債権者及び受遺者に対し、限定承認をしたこと及び一定の期間内(2か月以上)にその請求の申出をすべき旨を公告しなければなりません。公告には、相続債権者及び受遺者がその期間内に申出をしないときは弁済から除斥されることを付記します。

さらに、限定承認者がわかっている相続債権者及び受遺者には、各別にその申出の催告を行う必要があります。

(3)限定承認者による管理

限定承認者は、その固有財産におけるのと同一の注意をもって、相続財産の管理を行っていきます。権限が限られていますので(民法103条に定める保存行為等)、権限外の行為を行うときは、裁判所の許可審判を得ることになります。

(4)弁済

弁済について、相続債権者間の公平を図るため、また、相続債権者を害しないため、手続が民法に規定されています。

公告期間満了後、限定承認者は、相続財産をもって、その期間内に申出をした相続債権者その他わかっている相続債権者に、それぞれその債権額の割合に応じて弁済を行わなければなりません。ただし、優先権を有する債権者の権利を害することはできません。

弁済期前の債権でも同様に弁済が必要です。条件付きの債権または存続期間の不確定な債権は、家庭裁判所が選任した鑑定人の評価に従って弁済をしなければなりません。

そして、上記相続債権者に弁済をした後でなければ、受遺者に弁済をすることができません。

公告期間内に申出をしなかった相続債権者及び受遺者で限定承認者に知れなかったものは、残余財産についてのみその権利を行使することができます（ただし、相続財産に特別担保がある場合、担保権者は手続と関係なく担保権を実行できます）。

(5)限定承認者の責任

限定承認者が官報公告や催告を怠ったり、不当な弁済をした場合、これによって相続債権者や受遺者に生じた損害を賠償する責任を負います。民法上の規定に違反して弁済をしたときも同様です。

(6)相続人が数人ある場合の相続財産の管理人

相続人が1人しかいない場合は、その相続人（限定承認者）が手続を追行していきますが、相続人が数人ある場合には、家庭裁判所は、相続人の中から、相続財産の管理人を選任しなければなりません。この相続財産管理人は、相続人のために、これに代わって、相続財産の管理及び債務の弁済に必要な一切の行為を行います。

(7)法定単純承認

法律上単純承認をしたとみなされる事由については Q26 を参照してください。

税務の解説

1 所得税の取扱い

　限定承認があった場合には、被相続人がその資産を時価で譲渡したものとみなして、その相続人が準確定申告を行います。限定承認の期限は自己のために相続の開始があったことを知った時から3か月以内で、さらに申請をすることで熟慮期間が認められますが、準確定申告の申告期限は、相続の開始があったことを知った日の翌日から4か月以内です。熟慮期間中であっても準確定申告の期限は延長されないので注意が必要です。

　また、限定承認では、みなし譲渡課税が行われることで、被相続人が取得した時から相続開始日までのキャピタルゲインについては課税済みとなるため、相続人がその資産を実際に譲渡した場合には、その資産の取得費は、相続時の時価とされます。

　なお、準確定申告における所得税及び復興特別所得税は、被相続人の相続税の申告においてそれらを実際に支払った相続人の債務控除の対象とすることができます。

2 相続税の取扱い

　限定承認を申請するケースで想定されるのは、被相続人のマイナスの財産（債務）がプラスの財産を上回っている状況であることが多く、その場合は、通常相続税は発生しません。

　ただし、相続税の債務控除の適用がある債務は、相続開始の時にあった債務で確実と認められるものに限られています。例えば保証債務があっても、相続開始日においては主たる債務者が弁済不能の状態とはいえない場合、債務控除として計上できないことになるので、限定承認をすれば相続税の負担がないとは限らないことに注意が必要です。

相続放棄の場合の相続財産管理人の活用

私はマンション管理組合の理事をしています。当マンションの一室で1人暮らしの高齢男性A氏が死亡しました。同人の子供に連絡を取ったところ、多額の借入金があり法定相続人全員が相続放棄したそうです。A氏所有のマンションは空家のままですが、どうなりますか。管理費・修繕積立金の滞納も発生しています。

法務のポイント

法定相続人全員が相続放棄を行うと遡って相続人が誰もいなくなり、相続財産は法人となります。利害関係人または検察官の請求によって、家庭裁判所が相続財産管理人を選任し、所有不動産が換価されます。

税務のポイント

Q20と同様なので参照してください。

法務の解説

1 相続人の不存在

法定相続人が順次相続放棄を行った結果、戸籍上の相続人が誰もいなくなってしまう場合があります。

相続人のあることが明らかではないときは、相続財産は法人となり、利害関係人または検察官の請求によって、家庭裁判所が相続財産管理人を選任します。

相続財産管理人の選任については、Q20を参照してください。

2 相続財産管理人の選任申立がなされるまで

相続財産管理人の選任がなされないと、その間、相続財産である不動産は誰も処分できず、そのままの状態が続きます。

当該不動産に相続債権者が担保権を設定している場合、滞納があると当該債権者が相続財産管理人選任を申し立ててくるケースがあります。

こうした担保権が設定されていない場合、固定資産税・都市計画税の滞納が始まると固定資産税を所掌する自治体が債権者として相続財産管理人の選任申立を行うこともあり得ます。

マンションであれば、空家となっても管理費・修繕積立金債務が発生し続け、これらの滞納があるときはマンションの管理組合も債権者として相続財産管理人の選任申立権限を有します。

③ 相続財産である不動産の換価

相続財産管理人の選任公告期間後、相続財産管理人は、相続債権者・受遺者の債権申出の催告について2か月以上の期間を定めて官報公告の手続をとります。存在がわかっている債権者等には各別に催告します。

相続財産管理人は、当該相続財産が受遺者への遺贈の対象となっている場合に備え、上記公告期間内に受遺者が現れないことを確認してから換価手続に入ることとなります。その後、裁判所の権限外行為許可審判を得て、実際に換価を行っていくことになります。

マンション管理費等の滞納がある場合、管理組合は早めに相続財産管理人にその金額と明細を届け出ましょう。

■ 税務の解説 ■

相続財産法人に関する税務については、Q20と同様なので、109ページ以下を参照してください。

空家に係る税務は、Q46と同様なので、215ページ以下を参照してください。

遺産分割後の財産の発見
遺産分割協議成立後、新たに財産が発見されました。この場合はどうしたらよいでしょうか。

法務のポイント
既に成立している遺産分割協議の内容及びその当時の相続財産について当事者の認識がどうだったかを具体的事案ごとに確認し、対応を検討しましょう。

税務のポイント
新たな財産が発見されたことによって相続税の申告義務が生じた場合、期限内申告または期限後申告、既に申告書を提出していた場合は修正申告を行います。

法務の解説

1 はじめに

新たに発見された財産の内容、既に成立している遺産分割協議の経緯・内容や各当事者の認識、相続人全員の意向によって、対応は大きく異なると考えられます。具体的事案の把握が必要ですので、早期に法律相談を受けるとよいでしょう。

2 先に成立している遺産分割協議の状況

先に成立している遺産分割協議の中で、当該協議書に記載したもの以外の財産についてどう処理するか合意しているケースもあるでしょう（例えば、当該協議書に記載したもの以外の相続財産はすべて相続人〇〇が取得すると取り決めていたり、新たに見つかった相続財産について別途遺産分割協議を行うことを取り決めている場合もあります）し、遺産分割協議では、まったくカバーされない財産が

発見される場合もあると思います。

❸ 対応

いずれの場合であっても、新たに見つかった財産が日用品など些細なものであれば大きな問題は生じないと思われますが、財産価値の大きな相続財産が新たに出てきた場合に議論が起きる可能性があります。

こうした場合に考えられるのは、①先の遺産分割協議はそのままとし、新たに発見された当該相続財産について別途遺産分割協議を行うこと、②相続人全員で、いったん成立した遺産分割協議の全部または一部を合意解除し、改めて遺産分割協議を行うこと（この場合、後記 **税務の解説** 2(2)のとおり、課税関係に注意が必要です）、③新たに見つかった財産について相続人全員の合意ができない場合、従前の遺産分割協議の意思表示に瑕疵がある相続人が、錯誤等の主張をすることなどが考えられます。

❹ 具体的な事案に即した検討を行うこと

いずれにしても、具体的なケースごとに状況は千差万別であり、早期に法律相談を受けましょう。

━━━━━━●━━ 税務の解説 ━━●━━━━━━

新たな財産が発見されたことによって新たに相続税の申告義務が生じた場合と、既に申告書を提出していた場合とでは、手続が異なります。

❶ 期限後申告

新たな財産が発見されたことによって新たに相続税の申告義務が生じた場合、それが申告期限内（相続の開始があったことを知った日の翌日から10か月以内）であれば期限内申告を、申告期限を徒過している場合には期限後申告を行います。期限後申告においても小規模宅地等の特例や配偶者の税額軽減の特例の適用は可能です。ただし、期限後申告において税額が発生した場合には、下記のペナルティが課せられます。

(1)無申告加算税

　期限内に申告しなかったことの罰則的な税金です。

　税務署から税務調査の事前通知より前に自主的に提出した場合には本税の5％、税務調査の事前通知があってから更正等があることを予知する前に申告した場合は、本税50万円まで10％、50万円を超える部分について15％、更正等の予知によって申告した場合は、本税50万円まで15％、50万円を超える部分について20％の税率で課税されます。

　なお、更正等の予知による期限後申告から遡って5年以内に同じ税目での無申告加算税や重加算税を課されたことがある場合には、さらにその割合が10％加算され、50万円まで25％、50万円を超える部分について30％の税率で無申告加算税が課せられます。

(2)延滞税

　申告期限までに納められない相続税について、本来の納付期限の翌日から相続税を納付した日までの日数に応じて課税されます。

　原則は、2か月を経過する日まで年「7.3％」と「特例基準割合＋1％」のいずれか低い割合、2か月を経過した日以後は年「14.6％」と「特例基準割合＋7.3％」のいずれか低い割合です。特例基準割合とは、各年の前々年の10月から前年の9月までの各月における銀行の新規の短期貸出約定平均金利の合計を12で除して得た割合として各年の前年の12月15日までに財務大臣が告示する割合に、年1％の割合を加算した割合をいいます。

❷ 修正申告

　申告をした後に新たな財産が発見され、相続税額に不足が生じた場合には、修正申告を行います。

(1)過少申告加算税

　本税の10％（期限内申告税額と50万円のいずれか多い金額を超える部分（※）に

ついては15%）が過少申告加算税として課税されます。ただし、正当な理由がある場合または税務署からの調査通知以後、更正・決定予知前にされた修正申告に基づく過少申告加算税の割合は5%（※の部分は10%）になります。ただし、修正申告書の提出が、調査通知以前で、かつ、調査による更正を予知してなされたときは課されません。

(2)延滞税

上記と同様です。

なお、新たな財産が発見されたことにより、いったん成立した遺産分割協議の全部または一部を合意解除し、改めて遺産分割協議を行うような場合は、贈与税等の課税関係が生じる場合があります（Q30参照）。

遺産分割協議のやり直し

被相続人の遺産は、東京の土地建物、預貯金であり、長男Aが土地建物を取得し、次男Bが預貯金を取得することで協議が成立しました。しかし、その後、Aは関西へ定住することが決まり、「不動産ではなく預貯金で分けてもらいたいので遺産分割協議をやり直したい」といわれましたが、どうしたらよいですか。

法務のポイント

相続人全員でいったん成立した遺産分割協議の全部または一部を合意解除し、改めて再協議することは適法です。なお、再協議に反対する相続人がいた場合は、合意解除はできません。

税務のポイント

遺産分割のやり直しは、原則として贈与税や譲渡所得税等の課税関係が生じることになります。

法務の解説

最高裁判所平成2年9月27日判決（民集44巻6号995ページ）は、「共同相続人の全員が、既に成立している遺産分割協議の全部又は一部を合意により解除した上、改めて遺産分割協議をすることは、法律上、当然には妨げられるものではな」い等と判示し、共同相続人全員による遺産分割協議の合意解除と再分割協議を適法としました。ただし、課税関係に注意が必要です。

これに対し、分割のやり直しに反対する相続人がいる場合、合意解除はできません。また、先の遺産分割について何らかの債務不履行があった場合でも、法定解除権（民法541条）の行使は認められません（最高裁判所平成元年2月9日判決・民集43巻2号1ページ）。

なお、当初の遺産分割に無効や取消事由がある場合には民法に基づく主張、対応があり得ます。

● 税務の解説 ●

　相続税法上においては、たとえ相続人全員の合意があった場合でも遺産分割のやり直しは遺産分割とは認めていません。相続税法基本通達 19 の2－8において「当初の分割により共同相続人又は包括受遺者に分属した財産を分割のやり直しとして再配分した場合には、その再配分により取得した財産は、（同項に規定する）分割により取得したものとはならないのであるから留意する。」とされています。

　つまり、当初の遺産分割協議によって各人に具体的に帰属した財産を分割のやり直しとして再配分した場合には、共同相続人間の自由な意思に基づく贈与または交換等を意図して行われたものとして、贈与税や譲渡所得税等の課税関係が生じることになりますので注意が必要です。

　もっとも、当初の遺産分割が法的に無効である等、再配分とはいえない遺産分割のやり直しにおいては、当初の遺産分割の範ちゅうとして認められるべきと考える余地もあります。また、それにより税額の変動が生じた場合には、更正の請求や修正申告の手続を検討することになります。

相続財産の調査の仕方

兄が突然亡くなりました。相続人は、亡兄の配偶者、弟の私です。亡兄には、遺言もなく、義姉も高齢であり認知症が始まっていて、相続財産の内容がよくわかりません。どうしたらよいでしょうか。

法務のポイント

被相続人の遺産調査を行い、相続財産（資産及び負債）の内容を把握する必要があります。

税務のポイント

被相続人の本来の相続財産（資産及び負債）の他、みなし相続財産（死亡保険金や死亡退職金）等の評価も申告に必要となります。

法務の解説

遺産にはプラスの財産である預貯金、不動産、株式等の積極財産と、マイナスの財産である借入金、保証債務等の消極財産があります。

このプラスとマイナスの相続財産の両方を調べる必要があります。

1 不動産以外の財産について

預金通帳をはじめとする金融資産の重要書類が見つかればそれを手がかりに調査します。被相続人のメモ、家計簿等の会計記録、手帳、日記等や、被相続人宛の郵便物（クレジットカード等支払いの請求書、領収書）が保管されていれば、資産・負債がわかる場合も多いといえます。また、近隣の金融機関に照会することもあります。過去の税務申告書類も手がかりとなります。

預金口座が一つでも判明した場合、当該金融機関で被相続人名義のすべての口座、借入の有無、貸金庫契約の有無等を調べましょう。

共同相続人の一人は他の共同相続人の同意なく預金口座の取引経過の開示を求めることができます（平成21年1月22日最高裁判決・判タ1290号132ペー

ジ）。預金口座の取引履歴を調べると、配当の入金履歴から株式の存在が判明したり、借入金の返済等負債の有無や、通信サービスの利用料等、諸費用の支払状況もわかってくると思います。

なお、貸金庫がある場合、その開錠手続は各金融機関のルールに従う必要があります。

❷ 不動産について

亡くなった時点の住まいが被相続人の所有かどうか不明のときは、登記簿謄本（またはインターネットの登記情報サービスの登記情報）を調べます。

登記簿謄本等（共同担保目録を含みます）から、所有不動産に抵当権等の担保権が設定されていれば負債の状況もわかります。

同一市町村内の不動産の名寄帳（土地家屋課税台帳、固定資産課税台帳等ともいいます）を取り寄せると道路等非課税物件も含めて確認が可能です。

税務の解説

❶ 相続税の課税対象財産

遺産の総額が相続税の基礎控除の額を超えると申告が必要になります。課税財産（債務・葬式費用を含みます）と、その評価における確認資料は次ページ表のとおりです。

種　類	確認資料	確認事項
土地（土地の上に存する権利を含みます）	登記事項証明書 固定資産評価証明書・名寄帳 住宅地図・公図・測量図 貸地または借地の場合は賃貸借契約書 土地の無償返還に関する届出書 小作に付されている旨の農業委員会の証明書	・未登記物件、先代名義物件はないか ・被相続の住所地以外に所在する不動産はないか ・借地権、耕作権はないか
建物・構築物	登記事項証明書 固定資産評価証明書・名寄帳 貸家の場合は賃貸借契約書	・未登記物件、先代名義物件等はないか ・被相続人の住所地以外に所在する不動産はないか
事業（農業）用財産	減価償却資産台帳 所得税の青色申告決算書または収支内訳書	・事業用財産、農業用財産はないか ・売掛金、未収金はないか ・棚卸商品、原材料等はないか
有価証券	取引相場のない株式（出資）の評価明細書 株式残高証明書、株主名簿 全部事項証明書、定款 決算書（過去3期分） 勘定科目内訳明細書（過去3期分） 法人税申告書（過去3期分） 消費税・地方税申告書（直前期） 上場株式等の評価明細書、株式残高証明書 株券、配当金通知書	・名義は異なるが、被相続人に帰属する有価証券はないか ・増資等による株式の増加分や端株はないか ・株式の割り当てを受ける権利や配当期待権等はないか
現金、預貯金等	現金有高 残高証明書、過去5年間程度の通帳コピー 既経過利息計算書 過去5年間程度の取引口座明細書	・名義は異なるが、被相続人に帰属するものはないか ・相続開始直前に引き出された現金の用途（※葬式費用等のために引き出したのであれば手許現金として計上）を確認する ・入出金の内容を確認する
家庭用財産	家具、什器等	家庭用財産を確認する

第2章　直面する "老老" 相続に対処する

その他の財産	保険金支払通知書、保険証券 解約返戻金計算書、退職手当金等支払通知書 取締役会議事録等	・生命保険契約、損害保険契約に関する権利はないか ・国外の預貯金や不動産等はないか ・未収給与、未収地代、未収家賃等はないか ・修繕等について資本的支出に当たるものはないか
	金銭消費貸借契約書、所得税等の確定申告書控え、還付金通知書、ゴルフ・リゾート会員権の証書 車検証、査定書 電話加入権 書画、骨董、貴金属	
債務	金銭消費貸借契約書、借入返済表、残高証明書 所得税等の確定申告書控え、納税通知書、納付書 貸家・貸地の賃貸借契約書 医療費等の領収書 クレジットカード利用明細書	・固定資産税、所得税、住民税の未払いはないか ・住宅ローンは団体信用生命保険に加入していて返済する必要がなくなってないか（※債務控除できません）
葬式費用	葬式費用の領収書・請求書 お布施等の明細	・法要や香典返しに要した費用が含まれていないか ・墓石や仏壇の購入費用が含まれていないか

＊国税庁「相続税の申告のためのチェックシート　平成31年4月以降相続開始用」より著者作成

2 相続税の課税対象外の財産

(1)非課税財産

下記に掲げる財産は、相続税の課税対象にはなりません。

① 皇室経済法の規定により皇位とともに皇嗣が受けた物

② 墓所、霊びょう及び祭具ならびにこれらに準ずるもの

③ 宗教、慈善、学術その他公益を目的とする事業を行う者で政令で定めるものが相続または遺贈により取得した財産で当該公益を目的とする事業の用に供することが確実なもの

④ 条例の規定により地方公共団体が精神または身体に障害のある者に関して実施する共済制度で、政令で定めるものに基づいて支給される給付金を受ける権利

⑤ 相続人の取得した生命保険金等のうち、500万円×法定相続人の数までの金額

⑥ 相続人の取得した退職手当金等(小規模企業共済の死亡共済金も含みます)のうち、500万円×法定相続人の数までの金額

⑦ 申告期限までに国等に寄附した相続財産

⑧ 申告期限までに特定公益信託に支出した相続財産である金銭

(2)その他

老齢基礎年金(国民年金)の給付の受給権者が死亡したことにより支給を受けた未支給年金については、死亡した受給権者に係る遺族が、当該未支給の年金を自己の固有の権利として請求するものとされ、死亡した受給権者に係る相続税の課税対象にはならず、支給を受けた遺族の一時所得になります。

なお、個人年金保険や企業年金等については上記の取扱いはなく、相続税の課税対象です。

③ 相続財産から控除できる債務・葬式費用

　相続税を計算するときは、被相続人の借入金等の債務を遺産総額から差し引くことができます。

(1)債務

　遺産総額から差し引くことができる債務は、被相続人が死亡した時に現に存する債務で確実と認められるものです。

　なお、被相続人に課される税金で被相続人の死亡後に納付または徴収されることになった所得税や住民税、固定資産税等の税金については被相続人が死亡した時に確定していないものであっても、債務として遺産総額から差し引くことができます。

　ただし、相続人等の責任に基づく延滞税や加算税等は債務控除の対象となりません。また、お墓等非課税財産に関する未払金等の債務も控除できません。

　保証債務については原則として控除できません（主たる債務者が弁済不能の状態にあるため、保証債務者が債務の履行をしなければならず、主たる債務者に求償しても返済を受ける見込みがない場合に、その主たる債務者の弁済不能の金額に限り債務控除できます）。連帯債務については、連帯債務者が負担すべき金額が明らかとなっている場合には、その負担部分を控除することができます。

　また、遺言執行費用は債務控除の対象とはなりません。

(2)葬式費用

　葬式費用は債務ではありませんが、相続税を計算するときは遺産総額から差し引くことができます。控除できる葬式費用は下記のとおりです。

①　葬式や葬送に際し、またはこれらの前において、火葬や埋葬、納骨をするためにかかった費用

②　遺体や遺骨の回送にかかった費用

③　葬式の前後に生じた費用で通常葬式に欠かせない費用（通夜等にかかっ

た費用等）

④　葬式に当たりお寺等に対してした読経料やお布施の費用

⑤　死体の捜索または死体や遺骨の運搬にかかった費用

ただし、次のような費用は、遺産総額から差し引く葬式費用には該当しません。

①　香典返しの費用

②　墓石や墓地の買入れ費用や墓地を借りるためにかかった費用

③　初七日や法事等の費用

④　医学上または裁判上の特別の処理に要した費用（遺体解剖費用）

(3)債務・葬式費用を差し引くことができる人

　債務や葬式費用等を差し引くことのできる人は、次の①または②に掲げる相続人や包括受遺者です（相続時精算課税の適用を受ける贈与を受けた人を含みます）。特定遺贈を受けた者は債務控除をすることはできません。したがって、負担付遺贈のあった場合は債務・葬式費用として取り扱うのではなく、遺贈された財産の価額から控除することになります。相続を放棄した人や相続権を失った人は、債務控除の適用はありませんが、遺贈により財産を取得した場合において、実際に葬式費用を負担したときは控除をすることができます。

①　相続や遺贈で財産を取得した時に日本国内に住所がある人（一時居住者※で、かつ、被相続人が一時居住被相続人または非居住被相続人である場合を除きます）

②　相続や遺贈で財産を取得した時に日本国内に住所がない人で、次のいずれかに当てはまる人

　イ　日本国籍を有しており、かつ、相続開始前10年以内に日本国内に住所を有していたことがある人

　ロ　日本国籍を有しており、かつ、相続開始前10年以内に日本国内に住所を有していたことがない人（被相続人が、一時居住被相続人または非居住被相続人である場合を除きます）

ハ 日本国籍を有していない人（被相続人が、一時居住被相続人、非居住被相続人または非居住外国人である場合を除きます）

※「一時居住者」とは、相続開始の時に在留資格（出入国管理及び難民認定法別表第1（在留資格）上欄の在留資格をいいます）を有する人で、その相続の開始前15年以内に日本国内に住所を有していた期間の合計が10年以下の人をいいます。

上記①、②に該当しない人は、控除できる債務が限られ、葬式費用も控除できません（Q45も参照してください）。

預貯金債権の相続

父が亡くなり、相続人は、母、父母と同居していた長男、次男の私です。亡父には遺言はなく、相続財産は預貯金と、実家の土地です。長男は実家の土地上の建物を所有しています。長男は預貯金については長男を含む相続人がそれぞれ当然に法定相続分でもらう権利があると主張していますが、本当でしょうか。

法務のポイント

従来の判例が変更されたため、相続により預貯金債権は当然に各相続人に法定相続分で分割されることはなく、遺産分割の対象となります。

税務のポイント

預貯金が遺産分割の対象とされたことで、相続人間で協議がまとまらない場合、被相続人の債務の弁済や生活費の支出、納税資金等に困難をきたすおそれも生じます。また、死亡直前に葬式費用等に備えて引き出した手許現金等も相続財産に加算する必要があるため、分割時点の預貯金の残高と申告上の手許現金を含む預貯金の残高には乖離が生じることもありますので、分割に当たって認識しておく必要があります。

法務の解説

従来の判例は、預貯金債権は相続と同時に各相続人に法定相続分で当然に分割されるとしてきました。この判例に従い、従来は遺産分割調停においても、相続人全員が預貯金債権を遺産分割協議の対象とすることに合意しない限り、遺産分割調停の対象とならないという運用がなされてきました。

しかし、平成28年12月19日の最高裁判所大法廷決定（民集70巻8号2121ページ）により、相続によって預貯金債権は当然に分割されず、遺産分割協議の対象となる旨判断されました。

たしかに、本設問のように、主な相続財産が預貯金の他は一部の相続人

のみが利用する不動産しかない場合等、預貯金が当然分割となると不都合な結果となることがありました。例えば、全体の遺産分割についてなかなか折り合えないうちに、一部の相続人が預貯金だけ自己の法定相続分相当額を払い戻し、費消してしまうと、後日、遺産分割協議が成立しても他の相続人が受け取るべき金銭を現実に回収できなくなる等の問題がありました。

上記最高裁判所決定により判例変更がなされ、預貯金債権をも遺産分割協議の対象とすることによって、分け方においてより柔軟な調整ができると考えられます。

● 税務の解説 ●

預貯金が遺産分割の対象とされたことで、相続人間で協議がまとまらない場合、十分な預金の引き出しができず、被相続人の債務の弁済や生活費の支出、固定資産税等や被相続人の住民税、準確定申告や相続税等の納税資金等に困難をきたすおそれが生じます。

そのような事態に備えるために、あらかじめ預金を引き出しておくことが考えられますが、その金額は相続開始時において手許にある現金として相続財産に加算する必要があります。また、預貯金の評価は、相続開始日における経過利子込の残高で、その後の自動引き落とし等があっても考慮されません。このため、実際に遺産分割をする時点の残高とは異なることがあります。これらのことを理解したうえで遺産分割協議を進めることが必要でしょう。

預貯金の評価額＝預入高＋既経過利子の額－源泉所得税相当額

(注) 定期預金（定期郵便貯金及び定額郵便貯金を含みます）以外の預貯金で、課税時期現在の既経過利子の額が少額なものは、課税時期現在の預入額で評価すればよいこととされています。

なお、平成30年の民法等の改正により見直された預貯金等の払戻しの取扱いについてはQ33を参照してください。

預貯金の払戻し

夫が亡くなり、相続人は妻である私と子2人です。亡夫の遺産分割協議が成立するにはまだ時間がかかるのですが、相続財産から、亡夫の入院費や、私の生活費を支払っていく必要があります。私は手持ち現金が乏しく、亡夫の相続財産である預貯金から支払いたいと思います。払戻しを受けたいのですが、どうしたらよいでしょうか。

法務のポイント

平成30年の民法等の改正で、分割協議成立前にも、各共同相続人は、遺産に属する預貯金債権のうち法定の算定方法により算出された金額について、単独で払戻請求が認められました。この改正は令和元年7月1日から施行されています。

税務のポイント

遺産分割がすぐに調わないことに備えて、事前に、(将来の)被相続人を被保険者とする保険契約を締結することも有効な方法といえるでしょう。

法務の解説

1 相続発生後の資金需要

平成28年12月19日の最高裁判所の決定により、相続財産である預貯金債権は、相続発生によって当然に各相続人の法定相続分相当に分割されず、遺産分割協議の対象となる旨判断されました（Q32参照）。

そのため、相続人は、自己の法定相続分相当額についても単独で預貯金の払戻しを行うことができなくなりました。

しかし、葬儀費用や相続財産の負債の支払い、被相続人が扶養していた家族の生活費の支払い、固定資産税等の納税等、相続財産の中から支払いを行いたいというニーズがあります。

② 対応策

(1)はじめに

平成30年の民法等の改正で、相続人の資金需要に対応しやすくなる措置が新設されました。この措置は令和元年7月1日から施行されており、相続開始が施行日前であっても新法が適用されます。

(2)これまでの対応策

① まず、相続人全員の合意が得られるのであれば、預貯金の全部または一部の預貯金についてのみ、遺産分割協議を成立させ、必要な資金を下ろせるようにする方法が考えられます。ただし、被相続人が遺言で禁じた場合を除きます。また、遺産分割未了でも、共同相続人全員の同意があれば金融機関の所定の手続に従って払戻しが可能です。

② 次に、家事事件手続法第200条第2項の保全処分の手続があります。家庭裁判所における遺産分割の審判申立または調停申立を前提とする手続であり、強制執行を保全し、または事件の関係人の急迫の危機を防止するため必要があるときに、当該申立人または相手方の申立により、家庭裁判所は必要な保全処分を命ずることができるというものです。

(3)平成30年の民法等の改正後の預貯金払戻し

上記(2)①及び②と同様の方法のほか、改正法により次の2つの制度が新設されました。

① 各共同相続人は、単独で法定の算定方法で算出される金額の払戻しが可能となりました。

今回の改正で、各共同相続人は、遺産に属する預貯金債権のうち、相続開始の時の預貯金債権額（口座基準）の3分の1に当該共同相続人の法定相続分を乗じた額（標準的な当面の必要生計費、平均的な葬式の費用の額その他の事情を勘案して金融機関ごとに法務省令で定める額を限度とすることとされ、法務省

令では金融機関ごとに 150 万円とされています）については、単独でその権利を行使することができ、この場合において、当該権利の行使をした預貯金債権については、当該共同相続人が遺産の一部の分割によりこれを取得したものとみなすとの規定が新設されました。この改正は令和元年 7 月 1 日から施行されており、これ以前に開始した相続についても適用されます。

② 家事事件手続法の仮分割の仮処分も使いやすくなりました。家庭裁判所は、遺産の分割の審判または調停の申立があった場合において、相続財産に属する債務の弁済、相続人の生活費の支弁その他の事情により遺産に属する預貯金債権を当該申立をした者または相手方が行使する必要があると認めるときは、その申立により、遺産に属する特定の預貯金債権の全部または一部をその者に仮に取得させることができるものとし、ただし、他の共同相続人の利益を害するときは、この限りでないものとしました（家事事件手続法 200 条 3 項）。

　この改正も令和元年 7 月 1 日から施行されており、これ以前に開始した相続についても適用されます。

● 税務の解説 ●

　遺産分割協議にある程度の時間がかかることを勘案して、被相続人（となる人）を被保険者とし、受取人を相続人（となる人）とする生命保険契約を締結することが相続発生後の資金需要対策の一つと考えられます。保険契約は受取人固有の権利とされ、通常、保険者（保険会社）への請求から数日で受け取ることができるため、あくまで相続人の固有財産からの立替えにはなりますが、緊急の資金繰りにも利用することができるでしょう。

　ただし、多額の保険金を特定の相続人が受け取ると特別受益の問題が生じる可能性があることには注意が必要です。

相続人の1人による預貯金の払戻し

父が半年前に亡くなりましたが、遺言はなく、遺産分割協議もまだ行っていません。
父の亡くなる前後に、父の近くに住んでいた長女が父名義の預金をキャッシュカードで引き出していたことがわかりました。父の相続人は、父の配偶者である母、長女、長男の私ですが、どうしたらよいでしょうか。

法務のポイント

被相続人の預金の引出しを行った相続人に、その使途等の説明を受けることが考えられますが、具体的事案ごとに対応方法は異なりますので、当事者間の話合いが困難である場合は、できるだけ早期に法律相談を受けましょう。

税務のポイント

資金の引出しの使途等によって、贈与があったものとされるか否か、また相続税の対象になるのかどうか、判断が分かれます。

法務の解説

名義人本人が足が悪い等で銀行に行けなくなって、家族が名義人の依頼を受けてキャッシュカードで引き出し、本人の生活費、医療費、租税公課等に充てることはよくあるといえます。

また、預金の引出しが履歴から明らかであったとしても、資金移動として、名義人の他の口座に移し替えられたというような場合もあります。

親の面倒を見ていた子が自己の立替金の清算を受けた場合もあります。

このように、被相続人の預貯金からの支出があったとしても、被相続人のためであったり、被相続人が生前所有する財産管理に使われたり、必要な資金移動であることもあります。

したがって、被相続人の預貯金等の支出状況について、よくわからないことがあれば、まずは当該払戻しを行った相続人等から説明を受け、必要に応じ領収書など資料を示してもらうのが基本でしょう。

仮に、被相続人から相続人の1人に、払戻金の全部または一部が生前贈与されていた場合に、民法第903条により、その金額や贈与の趣旨により相続分の前渡しと認められるときは、特別受益として、公平上、遺産分割協議の際に考慮することが妥当なケースがあります。

また、従来から、遺産分割調停や審判の段階でも、使途不明な生前及び死後の預貯金払戻金については、共同相続人全員が合意すれば、調停・審判で取り扱うことができました。

一方、一部の相続人が被相続人の了解なく勝手に預貯金を引き出し、自分のために流用してしまった場合は不当利得、不法行為の問題となり、これも共同相続人全員が合意したときは調停・審判対象となりますが、そうでないと民事訴訟で解決することとなります。しかし、民事訴訟において具体的相続分を前提とした不法行為・不当利得による請求は困難です（仮に成立するとしても、法定相続分の範囲内の請求にとどまるといえます）。

平成30年の民法等の改正により、被相続人の「死後」に共同相続人の1人によって遺産分割前に遺産が処分された場合、共同相続人全員の同意（処分を行った相続人の同意は不要）により、その財産を遺産として存在するものとみなせるようになりました。この改正は、令和元年7月1日から施行されており、施行日後に開始した相続に適用されます。

具体的事案ごとに対応は異なりますので、できるだけ早めに弁護士による法律相談を受け、進め方を含めて相談しましょう。

━━━━━━━ ● **税務の解説** ● ━━━━━━━

被相続人が、自らの用途のために金融機関の手続を他者に依頼したケース以外でも、例えば相続人の生活費として贈与することを目的に、相続人に手続を依頼したということであれば、相続人が引き出した金銭は、被相続人から相続人へ贈与されたものではありますが贈与税は非課税として取り扱われる可能性があります。

贈与税の非課税財産として定められているものの一つに、扶養義務者[注1]相互間において、生活費または教育費に充てるために贈与により取

得した財産のうち通常必要と認められるもの^(注2)があります（相続税法21条の3第1項2号）。「生活費」とは、通常の日常生活を営むのに必要な費用で、治療費や養育費等を含み、「教育費」は、教育上通常必要と認められる学費、教材費等をいいます。生活費や教育費として通常必要と認められる金額を、必要な都度直接これらに充てるためにした贈与は非課税となります。したがって、教育費や生活費以外の贈与はもちろんのこと、生活費や教育費に充てるためという名目や意図があっても、一括して贈与して受贈者の預貯金として運用されているような場合には、贈与税が課税されることになります。

　贈与税は、年間110万円の基礎控除額があり、それ以下であれば贈与税の申告も納税も必要ありません。ただし、贈与税の有無に関わらず、相続・遺贈により財産を取得した人が相続開始前3年以内に被相続人から贈与により取得した財産は相続財産に加算する必要があります。

　また、相続人による預金の引出しが、被相続人の意思に基づかない場合は、そもそも贈与が成立しないことから、被相続人の相続財産として計上すべきことになります。

(注1)　扶養義務者とは、次の者をいいます。
　　　　①配偶者、②直系血族、③家庭裁判所の審判を受けて扶養義務者となった三親等内の親族、④三親等内親族で生計を一にする者
　　　　なお、平成25年に国税庁の公表した「扶養義務者（父母や祖父母）からの『生活費』又は『教育費』の贈与を受けた場合の贈与税に関するQ&A」には、扶養義務者に当たるかどうかは、贈与時の状況で判断することとされています。
(注2)　「通常必要と認められるもの」とは、贈与を受けた者の需要と贈与をした者の資力その他一切の事情を勘案して社会通念上適当と認められる範囲の財産をいいます（(注1)Q&A・1−2）。

被相続人の成年後見人からの財産の引継ぎ

被後見人であった父が亡くなりました。亡父の遺言はありません。父の成年後見人には弁護士が選任されていました。亡父の相続人は東京に住む長男、九州に住む次男の私です。成年後見人選任申立の手続を行った長男は、最近、物忘れがひどくなっており、色々な事務を任せることが困難です。どうしたらよいでしょうか。

法務のポイント

被後見人の死亡により後見が終了し、原則として成年後見人の法定代理権は終了します。その後、従前の成年後見人から、家庭裁判所に被後見人の死亡を報告し、法務局に後見終了の登記を申請します。また、従前の成年後見人は2か月以内にその管理の計算を行います。管理の計算により、引き継ぐ財産を確定し、管理財産を相続人に引き継ぎます。

なお、相続人が相続財産を管理することができるに至るまで、相続人の意思に反することが明らかでない場合等の一定の厳格な要件のもとで、成年後見人が被後見人の死後の事務を行う権限が民法に規定されました。

税務のポイント

後見人に対する報酬のうち、相続開始時に未払いのものは相続税の債務控除の対象になります。

● 法務の解説 ●

1 後見の終了

後見は、被後見人の死亡により終了し、後見人の法定代理権も原則として消滅します（民法111条1項、653条1号参照）。

ただし、急迫の事情があるときは、相続人や法定代理人が事務処理をすることができるまで、必要な処分を行います（民法874条、654条）。

もっとも、平成28年の民法改正により、一定の死後事務に関する規定が

置かれました（下記 **6** 参照）。

② 死亡の報告

　前記終了の瞬間に、従前の成年後見人の任務がすべて終わりというわけではなく、家庭裁判所へ、被後見人の死亡診断書写しまたは除籍謄本写しを添えて死亡を報告します。東京家庭裁判所では、この報告は死亡から2週間以内に行うと定めています。

③ 後見終了の登記

　従前の成年後見人は、被後見人の死亡により後見終了の登記申請を法務局の後見登録課に行います。

④ 管理の計算

　従前の成年後見人は、被後見人の死亡後2か月以内に被後見人の財産について管理の計算（未清算の費用等を清算し相続人に引き継ぐ財産を確定します）を行います。

　後見終了を受け、成年後見人は家庭裁判所へ報酬付与審判申立も行います。後述する法定の死後事務を行う場合も報酬付与の事情の一つとなります。

　後見監督人が選任されている場合は、後見監督人の指示を受けます。裁判所への提出書類については、家庭裁判所の指示に従います。

⑤ 引継ぎ

　成年後見人は、相続人に対し、相続財産（通帳、証書等）の引継ぎを行います。東京家庭裁判所の現在の運用では、被後見人死亡から6か月以内に引継ぎを行い、所定の「引継書」を同裁判所へ提出するよう求めています。

　通常、預金通帳等の重要書類があることから、面談のうえで手渡しすることが一般的だと思われますが、受渡方法や時期については当事者間でよく話し合いましょう。

相続人は、被相続人の死後、後見人と連絡を密にし、できるだけスムーズに引継ぎを受けましょう。

従前の後見人は、相続人が受取りを拒否する等、相続人への引継ぎが困難な事情がある場合は、裁判所に相談しながら、事案に応じて対応することになるでしょう。

 参考：後見人による死後事務

(1)死後事務とは

死後事務とは、成年後見人がその職務として成年被後見人の死亡後に行う事務のことです。

成年後見終了後の事務については、従前から応急処分（民法874条、654条）等の規定が存在しますが、成年後見人が行うことができる事務の範囲が不明確であったため、平成28年10月13日施行の民法改正において、成年後見人は、成年被後見人の死亡後にも下記①ないし③記載の一定の範囲の事務を行うことができることとし、その要件が明確化されました（民法873条の2）。

① 個々の相続財産の保存に必要な行為
　（例）
　ア　相続財産に属する債権について時効の完成が間近に迫っている場合に行う時効中断（債務者に対する請求）
　イ　相続財産に属する建物に雨漏りがある場合にこれを修繕する行為
② 弁済期が到来した債務の弁済
　（例）　成年被後見人の医療費、入院費及び公共料金等の支払い
③ その死体の火葬または埋葬に関する契約の締結その他相続財産全体の保存に必要な行為（①②に掲げる行為を除きます）
　（例）
　ア　遺体の火葬に関する契約の締結
　イ　成年後見人が管理していた成年被後見人所有に係る動産の寄託契

約の締結（入所施設等に残置していた動産等のトランクルームの利用契約等）

ウ　成年被後見人の居室に関する電気・ガス・水道等供給契約の解約

エ　債務を弁済するための預貯金（成年被後見人名義口座）の払戻し（振込により払い戻す場合を含みます）

(2)要件

成年後見人が上記の死後事務を行うためには、以下の要件を満たすことが必要です。

①　成年後見人が当該事務を行う必要があること

②　成年被後見人の相続人が相続財産を管理することができるに至るまでの間であること

③　成年後見人が当該事務を行うことにつき、成年被後見人の相続人の意思に反することが明らかな場合でないこと

上記(1)③の死後事務（その死体の火葬または埋葬に関する契約の締結その他相続財産全体の保存に必要な行為、民法873条の2第3号）を行う場合には、上記の要件に加えて、以下も必要です。

④　家庭裁判所の許可

この死後事務許可の申立は、成年後見人に限られ、保佐人、補助人、任意後見人はすることができません。申立を検討している場合は、事前に裁判所に相談するとよいでしょう。

なお、成年後見人が本人の相続人としてその行為をする場合は裁判所の許可は不要です。

■■■■■■■■■ 税務の解説 ■■■■■■■■■

後見人に対する報酬のうち、相続開始時に未払いのものは相続税の債務控除の対象になります。

ただし、債務控除は、被相続人の債務で相続開始の際現に存するもので確実と認められるものに限られます。

したがって、家庭裁判所の報酬付与審判により認められた報酬の中に死

後事務報酬が混在している場合には、債務控除として計上する金額の計算根拠を明らかにする必要があります。

遺産の評価時点
遺産分割において、遺産の評価はいつの時点を基準に価値の評価を行うのですか。

法務のポイント

遺産分割協議における遺産の評価は、一般には遺産分割時を基準とします。特別受益、寄与分については相続開始時の評価額を基準にして遺産額を確定させたうえで遺産分割を行うことが必要となります。

ただし、共同相続人が遺産分割時と相続開始時の2時点の評価が同一であると合意すれば、1時点の評価で足ります。

税務のポイント

税務においては、遺産の評価は相続税法第22条で「相続、遺贈又は贈与により取得した財産の価額は、当該財産の取得の時における時価により、当該財産の価額から控除すべき債務の金額は、その時の現況による」と定め、具体的評価の方法を評価通達によって定めています。

法務の解説

1 遺産分割における遺産の評価時点

遺産分割協議において、相続人全員の間で分け方について合意が調えばそれによることになります。

公平、適正に遺産を分けるためには、その財産価値を知る必要がありますが、遺産は遺産分割時の評価を基準とするのが実務であり、調停実務及び任意の話合い段階でも遺産分割時の評価により話し合われることが多いといえます。

当該遺産を市場で売却して金銭で分ける場合などは、あえて財産評価を行う必要がないこともあります。

② 特別受益、寄与分が問題になる場合

(1) 特別受益（Q38 参照）

共同相続人中に被相続人から生前贈与を受けた者があるときは（これを特別受益者といいます）、相続開始時の遺産額（積極財産）に生前贈与の金額を加算して求められる金額を相続財産とみなし（注：税法上のみなし相続財産とは異なる概念です）、これを基礎財産として、各相続人の具体的相続分を求めます（民法 903 条 1 項）。

特別受益物件は相続開始時の評価を行います。金銭の場合は、消費者物価指数を参考に貨幣価値の変動を考慮します。

特別受益物件に相続開始時までに滅失または価格の増減があった場合、受贈者の行為によるか否かにより算定が異なります。受贈者の行為によって、その目的である財産が滅失し、またはその価格の増減があったときは、相続開始の時においてなお原状のままであるものとみなしてこれを定めることとしています（民法 904 条）。

個別の問題が色々と生じる分野でもありますので、法律相談を受けてください。

(2) 寄与分

共同相続人中に被相続人の財産の維持または増加について特別の寄与をした者があるときは、相続開始時の遺産額（積極財産）から寄与分の金額を控除し、みなし相続財産を求めます。

寄与分の評価も、相続開始時の評価を行います。

(3) 共同相続人の合意

このように、特別受益・寄与分が問題となる場合は相続開始時の評価も

必要になるため、遺産分割時と相続開始時の2時点の評価を行うことになります。ただし、共同相続人が2時点の評価が同一であると合意する場合には、1時点の評価で足りることになります。

● 税務の解説 ●

1 遺産分割における遺産の評価

　税務においては、遺産分割協議における遺産の評価は、遺産分割時ではなく、原則として遺産を取得したとき（相続開始時）における時価で評価することとしており、具体的な評価方法は財産評価基本通達に定めています（ただし、地上権・定期金に関する権利等は、時価によらず、相続税法に具体的に評価方法が規定されています。配偶者居住権（Q42）の評価も法定評価とされました）。

　評価時点を相続開始時とすることにより、分割の時期を意図的に操作することにより財産の評価を下げる行為を防げますが、一方で、遺産分割協議に日数を要した場合、税務における財産の評価額と実際の財産の価値に乖離が生じることもあります。

2 特別受益、寄与分が問題になる場合

(1)特別受益

　相続税法において生前贈与加算の取扱いがありますが、それは民法における特別受益の考え方とは異なります。

　相続税法第19条（相続開始前3年以内の贈与加算）では、相続または遺贈により財産を取得した者が、その相続の開始前3年以内にその相続に係る被相続人から財産を贈与によって取得したことがある場合に、その贈与により取得した財産の価額を相続税の課税価格に加算すると規定されています。対象者は相続人に限らず、対象となる贈与財産にも制限はない一方、相続開始前3年に限っています。

　ただし、相続時精算課税制度の特例を適用した贈与財産については、贈

与年に関わらず、すべて相続財産に加算することとされています。

これらの生前贈与加算において、相続税の課税価格に加算する贈与財産の価格はその贈与により取得した時の時価によります。

なお、贈与税の配偶者控除の特例（婚姻期間20年以上の配偶者に対する居住用財産の贈与で2,000万円までの金額を贈与税の課税価格から控除する贈与税の特例）の適用を受けた財産（相続開始年分の贈与を含みます）のうち、その控除された金額に相当する部分は加算の対象になりません。

(2)寄与分

寄与分が認められた場合は、その遺産分割に従って相続税の申告を行います。ただし、遺産が未分割のときは、寄与分を考慮しない相続分または包括遺贈の割合で課税価格を計算することとされています。

(3)特別寄与料

特別寄与料とは、被相続人に対して無償で療養看護その他の労務の提供をしたことで被相続人の財産の維持または増加をした場合に、特別の寄与をした被相続人の相続人等以外の親族が、相続開始後、相続人に対して請求する一定の金銭をいいます。

この課税関係については、下記のとおりです。

① 特別寄与者が支払いを受けるべき特別寄与料の額が確定した場合には、その特別寄与者が、特別寄与料の額に相当する金額を被相続人から遺贈により取得したものとみなして、相続税が課税されます。

この場合、特別寄与者は相続人等以外であるため、相続税額の2割加算の対象になります。

② これにより新たに相続税の申告義務が生じた者は、特別寄与料の支払額が確定したことを知った日の翌日から10か月以内に相続税の申告書を提出しなければなりません。

③ 相続人が支払うべき特別寄与料の額は、その相続人の相続税の課税価格から控除します。

なお、相続税の更正の請求の特則等の対象に、特別寄与料の支払額が確定したことの事由が加わります。

Q37 不動産の評価
遺産分割における不動産の評価は、どのように行われるのでしょうか。

法務のポイント

遺産分割協議において、不動産を評価する基準について相続人間の合意があれば、その合意した基準に基づく評価を行います。家庭裁判所の遺産分割調停手続においても上記と同様ですが、合意ができなかった場合、鑑定を実施すること（その費用負担も含みます）についての合意が成立すれば鑑定が実施されます。

税務のポイント

不動産の相続税評価は、評価単位をまず検討し、個々の不動産の形状、権利関係等により財産評価基本通達に定める方法を用いて評価します。

法務の解説

遺産分割では、遺産全体を相続人に公平、適正に分けるため、遺産全体の財産価値の評価が必要になります。

不動産の評価の基準には、公示価格、都道府県地価調査標準価格、固定資産税評価額、相続税評価額（路線価）といった公的基準や、民間の不動産業者の査定、不動産鑑定士の鑑定等があります。

どの基準で不動産の価値を評価するかについては、相続人間で合意できればそれによります。

家庭裁判所の遺産分割調停手続が利用される場合でも、相続人間で不動産の評価方法について合意ができればそれによりますが、合意ができない場合は不動産鑑定士による鑑定（費用は法定相続分に応じて各自負担）を行うこ

とについて当事者が合意し、費用を予納すれば鑑定が実施される運用です。

　評価について合意できない場合、不動産を換価して分割する方法や共有の形で分割する方法（各相続人が共有持分をもつ）も選択肢となりますが、共有関係を維持するのが妥当かはよく検討する必要があります。

　個別具体的な問題として、底地権、借地権、使用借権等の評価について不明な点があれば法律相談を受けましょう。

● 税務の解説 ●

　相続、遺贈または贈与により取得した財産の価額は、その取得の時における時価により評価します。時価を算定する方法として鑑定評価がありますが、評価方法が一律とはいえないことから、相続税法における時価の解釈として、財産の種類に応じた評価方法が「財産評価基本通達」で示されています。

第1章　総則

（評価の原則）

1　財産の評価については、次による。（平3課評2-4外改正）

(1)　評価単位

　財産の価額は、第2章以下に定める評価単位ごとに評価する。

(2)　時価の意義

　財産の価額は、時価によるものとし、時価とは、課税時期（相続、遺贈若しくは贈与により財産を取得した日若しくは相続税法の規定により相続、遺贈若しくは贈与により取得したものとみなされた財産のその取得の日又は地価税法第2条《定義》第4号に規定する課税時期をいう。以下同じ。）において、それぞれの財産の現況に応じ、不特定多数の当事者間で自由な取引が行われる場合に通常成立すると認められる価額をいい、その価額は、この通達の定めによって評価した価額による。

(3)　財産の評価

　財産の評価に当たっては、その財産の価額に影響を及ぼすべきすべての事

情を考慮する。

1 土地の評価区分

土地は原則として次に掲げる現況の地目別に評価します。ただし、一体として利用されている一団の土地が2以上の地目からなるときは、主たる地目からなるものとして一団の土地ごとに評価をします。

地 目	評価単位
宅地	一画地の宅地
田及び畑	耕作の単位となっている一区画の農地
山林	一筆の山林
原野	一筆の原野
牧場及び池沼	原野に準ずる
鉱泉地	一筆の鉱泉地
雑種地	利用の単位となっている一団の雑種地

2 宅地の評価方法

宅地のうち、市街地的形態を形成する地域にある宅地については路線価方式により、それ以外は倍率方式により評価します。

評価対象地が自用であれば、それぞれの評価方法で評価し、貸家等の用途に供しているのであれば、下記の算式で評価します。

> 貸家建付地の評価額＝自用地評価額－自用地評価額×借地権割合×借家権割合×賃貸割合

賃貸割合は、当該家屋の各独立部分の床面積の合計のうち、賃貸している独立部分の床面積の割合によります。

(1)路線価方式

その宅地の面する路線に付された路線価をもととして、奥行価格補正そ

の他の補正を行って算出した価額により評価します。

(2)倍率方式

固定資産税評価額に国税局長の定める一定の倍率を乗じて評価します。

路線価と倍率地域の倍率はいずれも国税庁のホームページ（http://www. rosenka.nta.go.jp/）で確認することが可能ですが、計算は複雑なので専門家に相談することをお勧めします。

③ 家屋の評価方法

家屋の評価は原則として1棟の家屋ごとに評価します。自用で利用している家屋は固定資産税評価額の1.0倍、借家権の目的とされる貸家の用に供されている家屋については、下記の算式で評価します。

> 自用家屋としての評価額－自用家屋としての評価額×
> 借家権割合×賃貸割合

④ その他の財産評価

上記以外にも、相続税における財産評価の方法は、財産評価基本通達に細かく定められています。なお、鑑定評価自体を否定するものではありませんので、財産評価基本通達の定めによる評価が時価とあまりに乖離しているケースでは個別に鑑定評価をすることも容認されると考えられます。

特別受益（遺産に組み入れる生前贈与等）

長男は結婚に際し、亡父から不動産の贈与を受けました。また、次男一家は過去約15年間、亡父所有の実家に同居していましたが家賃を払っていませんでした。さらに、亡父は、自宅土地建物を50年以上連れ添った妻である私の母に相続させるという遺言のみを残し、他の遺産については遺言を残していません。亡父の遺産分割協議で、長女である私はこれらのことを主張できますか。

法務のポイント

相続人に対する遺贈や遺産の前渡しと評価できる生前贈与について、共同相続人間の実質的公平を図るため、特別受益として、計算上、贈与金額を相続財産に含めたうえで、具体的相続分を算定し、特別受益者の相続分はそこから特別受益分を控除した残額とすることが民法上認められています。

ただし、被相続人の意思表示で、こうした取扱いをしないこともできます。

また、平成30年の民法等の改正で配偶者の老後の生活の保護が強化されました。

税務のポイント

税務における特別受益（生前贈与）の持戻しの考え方は民法と異なり、①相続または遺贈により財産を取得した者が、②その相続の開始前3年以内にその相続に係る被相続人から財産を贈与によって取得したことがある場合に、その贈与により取得した財産を相続税の課税価格に加算することになります。贈与された財産の種類は問いません。

ただし、相続時精算課税制度の適用を受けて贈与された財産は、贈与の時期を問わず、すべて加算の対象になります。

第2章　直面する"老老"相続に対処する

● 法務の解説 ●

1 特別受益とは

(1)特別受益

　共同相続の場合、被相続人からの遺贈や遺産の前渡しと評価できる生前贈与を受けた場合、実質的に公平な遺産分割を行う調整として、これを遺産に組み入れたうえで具体的相続分を算定し、その受遺者、受贈者の相続分は、そこから特別受益分を控除した残額とするという「特別受益」の制度が設けられています（民法903条1項）。

　特別受益に該当するのは以下の場合です。

　共同相続人である者が、被相続人から、①遺贈を受けた場合、②婚姻もしくは養子縁組のため贈与を受けた場合、③生計の資本として贈与を受けた場合。

　遺産の前渡しといえるかどうかは、贈与の金額や趣旨から判断されます。

(2)具体的相続分の算定

① 特別受益の持戻し

　相続開始時の相続財産に「贈与」金額を加算したものが相続財産とみなされます。「遺贈」金額については、相続開始時の相続財産に含まれますので加算は不要です。

> 相続開始時の相続財産の価額＋「贈与」の価額
> ＝みなし相続財産

　これに受贈者の相続割合（法定相続分または指定相続分）をかけ、遺贈または贈与の価額を控除した残額が受贈者の具体的相続分となります。

> みなし相続財産×相続割合－遺贈または贈与の価額
> ＝受贈者の具体的相続分

　なお、遺贈または贈与の価額が、相続分の価額に等しく、またはこれを超えるときは、受遺者または受贈者は、その相続分を受けることができないとされています（民法 903 条 2 項）。

② 特別受益の持戻し免除の意思表示

　もっとも、被相続人が、特別受益を考慮しなくてよいとする意思表示（特別受益の持戻し免除の意思表示）をしたときは、特別受益の額を遺産に加算しなくてよいことになります。

2 設問の事例について

(1)自宅不動産の贈与

　長男の結婚に際しての不動産の贈与は、生計の資本としての贈与といえるため、特別受益に当たります。

　ただし、被相続人が特別受益の持戻し免除の意思表示を明示または黙示に行っていた場合は、この不動産贈与分は持戻し免除となります。

(2)被相続人の家屋に無償で居住していた場合

　生計の資本として贈与を受けた場合といえず、特別受益に当たらないと考えられます。

(3)配偶者が遺言により自宅不動産を取得した場合

　本件のように、自宅土地建物を配偶者に相続させるという亡父の遺言により自宅を取得した場合、民法上の特別受益に該当します。これにより、自宅土地建物の額も遺産に加算されることになり、これをベースに配偶者の相続分が決まることになってしまいます（自宅の価値が高ければ預貯金等の取り分は少なくなります）。

もっとも、配偶者の長年の貢献に配慮し、配偶者の老後の生活保障を図るため、被相続人が持戻しの免除の意思表示を明示または黙示に行っていた場合も多いでしょう。しかし、高齢となった配偶者がこうした持戻し免除の意思表示を主張立証することが困難な場合もあると思われます。

こうした背景から平成30年の民法等の改正で、配偶者保護のための方策として、婚姻期間が20年以上の夫婦の一方である被相続人が他方に対し、居住用建物または敷地について「遺贈または贈与」した場合に、持戻しの免除の意思を表示したものと推定する（民法903条4項）という規定が新設されました。これを活用すれば、配偶者は居住用建物または敷地を遺産とは別枠で取得できます。

この改正は令和元年7月1日から施行されており、施行日以後に行われた贈与等について適用されます。相続開始が施行日以後であっても施行日前にされた贈与等については適用されませんので、注意が必要です。

本問では配偶者に自宅を「相続させる」という特定財産承継遺言であるため、民法第903条第4項の直接適用はありません。しかし、この場合も遺言者の意思の解釈として、配偶者に自宅を相続させることを他の遺産の分割に当たって考慮しないこととする趣旨であると考えられれば、民法第903条第4項と同じ効果が得られることもあります。

● 税務の解説 ●

1 特別受益とは

Q36の 税務の解説 2(1)「特別受益」と同様です。

2 設問の事例について

(1)自宅不動産の贈与

暦年贈与（基礎控除110万円）であれば、贈与の時期がいつなのかにより加算の有無が変わります。また、3年以内の贈与であっても、「直系尊属から

住宅取得等資金の贈与を受けた場合の贈与税の非課税制度（租税特別措置法70条の2）」（いわゆる、「住宅取得等資金の贈与税の非課税」）の特例の適用を受けている場合は加算の必要はありません。

　ただし、相続時精算課税制度の適用を受けている場合は、何年前であっても加算しなければなりません。加算額は贈与時の評価額となりますが、贈与時に納付した贈与税は相続税額から控除することができます。

(2)被相続人の家屋に無償で居住していた場合

　家賃を払わずに居住できることで経済的利益を受けているようにも見えますが、原則として贈与税の課税対象とはなりません。

(3)配偶者が遺言により自宅不動産を取得した場合

　自宅不動産を配偶者が取得することで、小規模宅地等の特例の適用が確実に可能になります。

　小規模宅地等の特例のうち、特定居住用宅地等の要件はQ7の表をご覧ください。

　なお、民法（相続法）等の改正により創設された配偶者居住権の評価については195ページ以下を参照してください。

被相続人の土地の無償使用は特別受益になるか
亡父の土地上に、亡父の許可を得て長男が建物を建てて所有していたのですが、亡父に地代を支払っていなかったことがわかりました。亡父の遺産分割協議で他の相続人はこのことが長男の特別受益といえるでしょうか。

法務のポイント

特別受益の総論は、Q38を参照してください。

本問では、被相続人の土地の無償使用については土地使用借権の設定があったと考えられます。被相続人を扶養する負担と当該土地利用の利益が実質的に対価関係にあった等の事情の有無により土地使用借権相当額が特別受益になるか否かが異なります。また、特別受益に当たる場合であっても、持戻し免除の意思表示があったかどうか検討が必要です。

なお、使用借権という財産そのものと被相続人の死亡前の地代相当額は別ものであり、本問のこれまでの地代相当額は通常、特別受益ではないと解されています。

税務のポイント

税務における特別受益(生前贈与)の考え方については、Q36を参照してください。

使用貸借に関しては、原則としてその使用権はゼロとして取り扱われます。親子間で地代を支払っていなかったことに関する経済的利益については、通常課税の対象にはなりません。

---- 法務の解説 ----

1 特別受益

民法第903条の特別受益の概念、具体的相続分の算定等については、

Q38 を参照してください。

② 相続人が被相続人の土地を無償使用していた場合

相続人が被相続人の土地上に建物を所有し、当該土地の地代を支払っていないケースは親子間ではよくあることでしょう。

このように相続人が被相続人の土地に同人の許可を得て建物を建て、土地を無償使用していた場合、「当該土地には、使用借権が設定されていた」と評価されます。この使用借権は、生計の資本として、特別受益となると解されることが多いといわれています。この場合、特別受益の額は、実務上、土地使用借権相当額であり、更地価格の1割から3割程度とされています。

実務では、相続財産の価額を算出する際の当該土地の評価において、使用借権の負担があるため更地価格の1割から3割程度の減額を行ったうえで、上記特別受益の持戻しを行い、結局、合計して更地評価になる、との考え方が主流といわれています（『家庭裁判所における遺産分割・遺留分の実務』第3版 片岡武・管野眞一編集269ページ以下。日本加除出版）。

もっとも、当該土地上の建物において当該相続人が被相続人と同居し被相続人を扶養する負担を負い、その負担が土地使用の利益と対価関係にあるといえる場合には、特別受益はないと認められると解されます。また、特別受益に当たる場合であっても、かかる扶養の負担があった場合、特別受益の持戻し免除について、被相続人の明示または黙示の意思表示が認められる場合も多いと考えられます。

なお、遺産の価値の減少とは関わらないこれまでの地代相当額は、通常、特別受益ではないと解されています。

━━━━━━━━━━● 税務の解説 ●━━━━━━━━━━

① 特別受益

税務における特別受益（生前贈与）の取扱いは、Q36を参照してください。

相続人が被相続人の土地を無償使用していた場合

　税務において、土地等の無償使用（使用貸借）は、その使用権をゼロとして扱い、相続や贈与における評価は、自用のものであるとした場合の価額となります。

　また、親子間で土地等の無償の貸し借りがあることはよくあることで、そこに経済的利益の発生を見ることができるとしても、通常課税の対象にはなりません。

【参考】相続税法基本通達9－10

(無利子の金銭貸与等)
　夫と妻、親と子、祖父母と孫等特殊の関係がある者相互間で、無利子の金銭の貸与等があった場合には、それが事実上贈与であるのにかかわらず貸与の形式をとったものであるかどうかについて念査を要するのであるが、これらの特殊関係のある者間において、無償又は無利子で土地、家屋、金銭等の貸与があった場合には、法第9条に規定する利益を受けた場合に該当するものとして取り扱うものとする。ただし、その利益を受ける金額が少額である場合又は課税上弊害がないと認められる場合には、強いてこの取扱いをしなくても妨げないものとする。

遺産分割の方法（現物分割、代償分割、換価分割、共有分割）

遺産分割において、亡母が1人で住んでいた亡母名義の家屋と土地について、相続人である3人兄弟間で家屋は老朽化し取り壊すことまでは合意していますが、どうやって分けるか話がまとまりません。亡母のその他の遺産はわずかな預金があるだけです。「できるだけ公平に分けたい」という考えは兄弟間で一致していますが、具体的にはどのようにしたらよいでしょうか。

法務のポイント

遺産分割の方法は具体的事案ごとに様々です。公平に分ける方法として現物分割、代償分割、換価分割、共有分割があります。

税務のポイント

現物分割、代償分割、換価分割、共有分割それぞれによって課税関係が異なります。

法務の解説

1 遺産分割

遺産分割は、相続人間の協議により、不動産、動産等、遺産に属する物や権利の種類及び性質、各相続人の年齢、職業、心身の状態及び生活の状況その他一切の事情を考慮して、遺産分割を行います（民法906条）。

「一切の事情を考慮する」ため、分け方は具体的事案ごとに様々です。

例えば、当事者間の話合いにより、様々な事情を考慮した結果、特定の相続人が全部相続し、他の相続人は何も取得しない等の合意もあり得ます。

上記を前提に、「できるだけ公平に分けたい」というニーズがある場合について、下記の四つの分け方を紹介します。

(1) 現物分割

文字どおり、現物を分ける方法です。本件では例えば、3人の相続人で遺産である一筆の土地を三つに分筆する場合です。

(2)代償分割

これは、当該遺産が現物分割できない場合や現物分割により分割後の財産の経済的価値を著しく損なう場合、特定の相続人が当該遺産を取得することとし、取得すると自己の相続分を超過する場合に、その超過額を他の相続人にお金（代償金）で支払う方法です。

例えば、遺産が土地一筆であり、当該土地が狭く分筆すると経済的価値を著しく損なう場合は、特定の相続人が当該土地を取得し、他の相続人に代償金を支払うという場合です。

(3)換価分割

売却等で換金し、換価手続費用を差し引いた残金を分けるという方法です。相続人全員が当該遺産の取得を希望しない場合や、誰かが取得を希望したが代償金支払能力がなく最終的に金銭解決で公平に分けようということで調整がつく場合等に使われます。

(4)共有分割

例えば、当該遺産たる土地を相続人3人が法定相続分である3分の1ずつ取得し、共有する方法です。この共有分割後一部の相続人が当該土地を換価したいが他の相続人が応じない場合、共有物分割請求の方法をとる必要があり、共有分割は抜本的な解決にならない場合もあります。また、二次相続が発生すると、共有者が増え、処分・管理が困難になる可能性もあります。

❷ 当事者間で協議が調わない場合

当事者間で協議が調わず、家庭裁判所の調停手続を利用する場合、相続人全員の合意があれば、上記(1)から(4)の順番にこだわらず取り決めることができます。

これに対し、家庭裁判所の審判手続の場合は、遺産ごとに上記(1)、(2)、

(3)、(4)の順番で分割方法が検討されています。

　手続によって、できること、できないこと等決まりごとがありますので、具体的事案に当たっては弁護士によく相談してください。

● 税務の解説 ●

　上記各種方法について、税務面では以下の点に注意が必要です。

❶ 現物分割

　分割された相続財産に応じて計算された相続税を各自が負担します。

　なお、相続税には配偶者の税額軽減や小規模宅地等の特例等の軽減措置がありますが、これには財産の取得者等について要件が付されているため、誰が取得するかにより相続税の負担が大きく変わることがあります。税理士とも相談しながら分割を決めることをお勧めします。

❷ 代償分割

　代償分割で交付された現金等は贈与税ではなく相続税の対象になります。代償分割が行われた場合の相続税の課税価格は以下のとおりです。

(1)原則

　代償財産を交付した人の課税価格は、相続または遺贈により取得した現物の財産の価額から交付した代償財産の相続開始時の価額を控除した金額となります。

　また、代償財産の交付を受けた人の課税価格は、相続または遺贈により取得した現物の財産の価額と交付を受けた代償財産の相続開始時の価額の合計額となります。

(2)特例

　①　代償分割の対象となった財産が特定され、かつ、代償債務の額がその財産の代償分割の時における通常の取引価額をもとに決定されてい

る場合には、その代償債務の額に、代償分割の対象となった財産の相続開始の時における相続税評価額が代償分割の対象となった財産の代償分割の時において通常取引されると認められる価額に占める割合を乗じて求めた価額となります。

$$代償債務の額 \times \frac{代償分割の対象となった財産の相続開始時の相続税評価額}{代償分割の対象となった財産の代償分割時の通常の取引価額}$$

② 共同相続人及び包括受遺者の全員の協議に基づいて、①の方法に準じた方法または他の合理的と認められる方法により代償財産の額を計算して申告する場合には、その申告した額によることが認められます。

なお、代償財産が現金や金銭債権等譲渡所得の基因とならない資産であるときは、譲渡所得課税の問題は生じませんが、不動産や株式等を給付したときは、その給付をした者は、それらの資産を時価により譲渡したことになり、譲渡所得税が課税されます。

③ 換価分割

換価分割では、相続税の他に譲渡所得課税も生じます。

共同相続人全員で譲渡して、その譲渡代金を共同相続人全員に帰属させるため、譲渡所得も各相続人が各持分によって申告することになります。

なお、相続税の申告においては、換価した時の実際の金額に関わらず、相続開始日現在の相続税評価額で評価します。

④ 共有分割

共有で取得することで、将来の時価の変動による有利不利の感情を吸収できる一方、単独で利用や売却ができない不都合があります。特に兄弟姉妹の共有は、先々売却を視野に入れている場合以外は、争いのもとになることが多く、避けるほうが無難でしょう。

なお、既に共有状態になっている不動産では、①共有者全員で他に売却する、②共有者の1人が他の共有者の持分を譲り受ける、③共有物の分割

をする等により解消する方法があります。

①、②は譲渡した者に譲渡所得課税が生じます。特に②では、低額譲渡の贈与課税に注意が必要です。これは、個人から著しく低い価額の対価で財産を譲り受けた場合に、その財産の時価と支払った対価との差額に相当する金額を譲渡した人から贈与により取得したものとみなす取扱いです。著しく低い価額の対価であるかどうかは、個別具体的に検討します。時価とは、その財産が土地や借地権等である場合及び家屋や構築物等である場合には通常の取引価額に相当する金額、それら以外の財産である場合には原則として相続税評価額をいいます。

なお、著しく低い価額の対価で財産を譲り受けた場合であっても、譲り受けた人が資力を喪失して債務を弁済することが困難であることから、その弁済に充てるためにその人の扶養義務者から譲り受けたものであるときは、その債務を弁済することが困難である部分の金額については、贈与により取得したものとはみなされないこととなっています。

③の共有物の分割は、一の土地についてその持分に応ずる現物分割を行う方法で、原則として課税関係は生じません。

【参考】所得税基本通達33−1の7

(共有地の分割)

　個人が他の者と土地を共有している場合において、その共有に係る一の土地についてその持分に応ずる現物分割があったときには、その分割による土地の譲渡はなかったものとして取り扱う。

(注)1　その分割に要した費用の額は、その土地が業務の用に供されるもので当該業務に係る各種所得の金額の計算上必要経費に算入されたものを除き、その土地の取得費に算入する。

　　　2　分割されたそれぞれの土地の面積の比と共有持分の割合とが異なる場合であっても、その分割後のそれぞれの土地の価額の比が共有持分の割合におおむね等しいときは、その分割はその共有持分に応ずる現

第2章　直面する"老老"相続に対処する

物分割に該当するのであるから留意する。

コラム
相続税の取得費加算

相続税の取得費加算とは、相続（または遺贈）で取得した資産を、相続があった日の翌日から3年10か月以内に譲渡した場合に、その資産に対応する相続税相当額を、取得費に加算して譲渡所得を計算することができるという制度です。

$$取得費加算額＝その者の相続税額×\frac{その者の相続税の課税価格の計算の基礎とされたその譲渡した財産の価額}{その者の相続税の課税価格＋その者の債務控除額}$$

ここで、代償金を支払って取得した財産を譲渡した場合には、上記分子の相続税評価額は次のとおり調整計算を行います。

$$\left(\begin{array}{l}譲渡した相続財産\\の相続税評価額\end{array}\right)－（支払代償金）×\frac{（譲渡した相続財産の相続税評価額）}{（相続税の課税価格）＋（支払代償金）}$$

なお、相続税の取得費加算の特例は、被相続人の居住用財産（空家）に係る譲渡所得の特別控除の特例（Q46 **税務の解説 2** 参照）とは選択適用となります。

Q41 配偶者の短期の居住権の保護

夫が死亡しました。相続人は妻の私と、夫の兄妹です。夫の遺産は、自宅とその敷地、預貯金です。夫の遺言が見つかり、「独身で身体の弱い妹に家を相続させる」とありましたが、他の財産について遺産分割協議が続いています。夫の兄妹から、早く家を明け渡せといわれています。
私はすぐに家を出て行く必要がありますか。

A41

法務のポイント

判例は、従来から一定の要件のもとで、遺産分割終了までの配偶者の居住権保護を認めていましたが、高齢化社会の進展が進む中、配偶者保護の観点から、平成30年の民法等の改正により、配偶者の居住権保護に関する規定が新設されました。新法は令和2年4月1日以後に開始される相続について適用されます。

税務のポイント

短期配偶者居住権は相続税の課税の対象とはなりません。なお税務では、配偶者の老後の生活保障を担保できる居住用財産の保護を目的に、婚姻期間が20年以上ある配偶者に居住用財産または居住用財産を取得するための金銭を贈与した場合に、2,000万円まで贈与税の課税価格から控除する特例があります。これにより、基礎控除と合わせて2,110万円まで贈与税がかからず、生前に配偶者に居住用財産を移転することができます。

● 法務の解説 ●

1 配偶者の居住保護の要請

被相続人が死亡した場合、実態として、同人と同居していた配偶者はそれまでの住まいに引き続き住み続けたいと希望することが多いと思います。

また、相続人である配偶者が高齢者である場合には、住み慣れた居住建

物を離れて新たな生活を立ち上げることは精神的にも肉体的にも大きな負担となると考えられることから、高齢化社会の進展に伴い、配偶者の居住権を保護する必要性は高まっています。このため、平成30年の民法等の改正で、配偶者の居住保護のための措置がいくつか講じられました。本問では、短期居住権について説明します。

❷ 配偶者の短期居住権保護の方策

(1)これまでの判例

平成30年の改正前の民法には、配偶者の居住権保護について述べた規定はありませんが、判例は、相続人の1人が被相続人の許諾を得て被相続人所有の建物に同居していた場合には、特段の事情のない限り、被相続人とその相続人との間で、相続開始時を始期とし、遺産分割時を終期とする使用貸借契約が成立していたものと推認されると判断し（最高裁判所平成8年12月17日判決・民集50巻10号2778ページ）、同判決の示す要件に当てはまる場合には、配偶者には、遺産分割が終了するまでの間の居住権が確保されていました。

もっとも、上記判決にいう「特段の事情」として、被相続人が明確にこれとは異なる意思を表示していた場合や第三者に居住建物が遺贈された場合等には、配偶者の居住権が短期的にも保護されない事態が生じる可能性もありました。

(2)平成30年の民法等の改正

そこで、平成30年民法改正では、配偶者が被相続人の財産に属した建物に相続開始時に無償で居住していた場合は、①または②の一定期間、居住建物を無償で使用する権利（配偶者短期居住権）を取得することになりました。

① 　居住建物について配偶者を含む共同相続人間で遺産分割をする場合
遺産の分割により居住建物の帰属が確定する日（この日が相続開始から6か月以内である場合は、相続開始から6か月を経過する日まで）まで居住でき

る。

② ①以外の場合

居住建物を取得した者から配偶者短期居住権の消滅の申入れのあった日から6か月を経過する日まで居住できる。

この改正は令和2年4月1日から施行され、それ以後に開始された相続に適用されます。

(3)本問へのあてはめ

本問では、遺言において「妹に家を相続させる」とされていますので、(2)の②に該当します。

したがって、妹から配偶者短期居住権の消滅の申入れとなる建物明渡請求があってから6か月間は、配偶者はその建物に居住することができます。

━━━━━━━━● 税務の解説 ●━━━━━━━━

配偶者短期居住権は、被相続人の建物に相続開始時において無償で居住していた配偶者に一定期間、その建物を無償で使用できる権利ですが、収益はできず、財産性が認められないことから、相続税の計算上、評価はされません（Q42及びQ43 税務の解説 も参照）。

2 贈与税の配偶者控除

相続税法において配偶者の居住権を考慮したものに、贈与税の配偶者控除があります。生前の相続税対策として有効な税制の1つでもあります。

贈与の日において、婚姻期間が20年以上である配偶者から日本国内に所在する居住用不動産（土地、土地の上に存する権利、家屋、信託受益権も含みます）または居住用不動産を取得（「取得」による家屋の増築も含みます）するための金銭の贈与を受けた場合に、その年の贈与税の課税価格から2,000万円までを控除する制度です。この適用を受ける際は、一定の書類を添付して、所轄税務署に贈与税の申告書を提出する必要があります。

なお、この制度は、相続開始の年であっても適用を受けることができ、相

続開始前 3 年以内の加算の対象にもなりません。

【適用要件】

① 婚姻期間が 20 年以上であること（1 年未満の端数切捨て）

② 贈与を受けた年の翌年 3 月 15 日までに居住用不動産を居住の用に供し、その後も引き続き居住の用に供する見込みであること

③ 注意点

課税価格が 2,110 万円（基礎控除 110 万円も含めて）まで贈与税は課税されませんが、登録免許税や不動産取得税の負担が生じます。

配偶者の長期の居住権の保護

夫が死亡しました。遺言は見つかっておらず、相続人は妻の私と子供2人です。夫の遺産は自宅と預貯金です。
私自身も高齢ですが身の回りのことは自分一人でできますので、自宅に住み続けたいと思っています。私はこのまま住み続けられますか。

法務のポイント

高齢化社会の進展が進む中、配偶者の保護の観点から平成30年の民法等の改正により、配偶者居住権が新設されました。新法は令和2年4月1日以後に開始される相続について適用されます。

税務のポイント

民法等の改正に伴い、配偶者居住権の相続税の評価方法が定められました。後述する 税務の解説 を参照ください。

● 法務の解説 ●

1 配偶者の居住権保護の要請

Q41で説明したとおり、配偶者の居住権保護の要請が高まっています。このため、平成30年の民法等の改正で、配偶者の居住権保護のための措置がいくつか講じられました。

本問では、配偶者居住権について説明します。

2 配偶者の居住権を長期的に保護するための方策

(1)これまでの対応

これまでは、遺産分割について一切の事情を考慮する旨の民法第906条以外に、従前居住していた建物に住み続けたいという配偶者の希望を直接保護する具体的な規定はありませんでした。

そのため、配偶者が従前居住していた建物に住み続ける方法としては、主に①遺産分割によって配偶者がその建物の所有権を取得する方法、②他の相続人が当該建物の所有権を取得したうえで、他の相続人と配偶者との間で賃貸借契約や使用貸借契約を締結するという方法がとられていました。

特に①の場合、配偶者が建物を取得すると、遺産の構成にもよりますが、他の財産をあまり受け取れなくなるという問題もありました。

(2)平成30年の民法等の改正（民法1028条～1036条）

このため、平成30年の民法等の改正では、配偶者が相続開始の時に居住していた被相続人所有の建物を対象として、終身または一定期間、配偶者にその建物の使用を認めることを内容とする法定の権利（「配偶者居住権」）が新設されました。

配偶者が配偶者居住権を取得できるのは、

①　遺産分割（審判も含みます）で、配偶者居住権を取得するとされた場合

②　配偶者居住権が遺贈または死因贈与の目的とされた場合

に限られます。

配偶者居住権は、賃借権類似の法定債権ですので、その価値は所有権の価値よりは小さくなります（配偶者居住権とその負担付きの所有権の価値を合計したものが、当該建物の価値に相当することになります）。

したがって、配偶者が配偶者居住権を取得すれば、遺産分割で所有権を取得する場合に比べて、預貯金など他の財産を受け取れる可能性が高くなります。

婚姻期間20年以上の夫婦においては、この配偶者居住権の遺贈・死因贈与について持戻し免除の意思表示があったと推定されます（民法1028条3項、903条4項）。

配偶者居住権を取得した場合、通常の必要費は配偶者が負担することとされ、例えば固定資産税を支払った所有者は配偶者にその必要費の償還を請求できます。

なお、この改正は令和2年4月1日から施行され、それ以後に開始され

た相続に適用されます。

━━━━━━ **税務の解説** ━━━━━━

1 配偶者居住権

　民法等の改正に伴い、配偶者居住権の相続税の評価方法が下記のとおり定められました。

(1)配偶者居住権

$$
\underset{\text{建物の時価}}{\overset{(A)}{}} - \underset{\text{建物の時価}}{\overset{(A)}{}} \times \frac{(\text{残存耐用年数} - \text{存続年数})}{\text{残存耐用年数}} \times \underset{\text{利率(※)による複利現価率}}{\text{存続年数に応じた民法の法定}}
$$

(注)　残存耐用年数

　　　　居住建物の所得税法に基づいて定められている耐用年数（住宅用）に1.5を乗じて計算した年数（6か月以上の端数は1年とし、6か月に満たない端数は切り捨て）から居住建物の築後経過年数（なお、経過年数は配偶者居住権の設定時までの年数）を控除した年数

(注)　存続年数

　　　① 配偶者居住権の存続期間が配偶者の終身の間である場合

　　　　　…配偶者の平均余命年数（完全生命表による）

　　　② ①以外の場合

　　　　　…遺産分割協議等により定められた配偶者居住権の存続期間の年数

　　　　　（配偶者の平均余命年数を上限）

　　※令和2年4月1日より3％（変動制）

　算式の分数の項の分母または分子が0以下となる場合には、分数の項が0となり、結果として、配偶者居住権の評価額は建物の時価と一致します。

　なお、建物の一部を賃貸している場合には、賃貸以外の部分の面積を全体の床面積で按分して賃貸以外の部分の建物の時価（A）とします。

(2)配偶者居住権が設定された建物の所有権

建物の時価^(注)－配偶者居住権の価額

（注） 賃貸の用に供されていた部分があっても(1)のような按分はしません。

(3)配偶者居住権に基づく居住建物の敷地の利用権

$$（B）土地等の時価－（B）土地等の時価×存続年数に応じた法定利率（※）による複利現価率$$

　建物の一部を賃貸している場合は、(1)と同様に按分して土地等の時価（B）とします。

　また、建物を配偶者と共有していたケースや、敷地を他の者と共有していたケースでは、建物及び土地等の時価（A）、（B）は、被相続人の持分割合を乗じますが、建物と土地等両方の持分を有する場合は、いずれか低い割合を時価に乗じて、土地等の時価（B）とすることになります。

(4)居住建物の敷地の所有権等

土地等の時価^(注)－敷地の利用権の価額

（注） 賃貸の用に供されていた部分があっても(3)のような按分はしません。

　また、配偶者居住権に基づく居住建物の敷地の利用権は、小規模宅地等の特例の対象になり、特定居住用宅地等として$330\,\text{m}^2$まで80％の減額ができます。なお、敷地所有権者と敷地利用権者の両者が特例の適用を受ける場合は、その価額に応じて按分した面積が適用対象面積となります。

　その他、留意点としては、①配偶者居住権が設定された建物及び敷地は物納劣後財産となること、②配偶者居住権の設定における登録免許税は、建物の価額（固定資産税評価額）の1000分の2の税率で課税されることがあ

ります。

なお、配偶者居住権は、存続期間満了や配偶者の死亡、または当該建物の全部滅失等により消滅し、配偶者の相続財産としてそれらの居住権が評価されることはありません。

一方、配偶者の死亡前に配偶者居住権の解除や放棄をした場合は、配偶者から居住建物の所有者に贈与があったものとみなして、原則として、その消滅直前の配偶者居住権の価額に相当する利益に贈与税が課税されます。

配偶者居住権の適用は、令和2年4月1日から施行されます。

配偶者の老後の生活に配慮した遺言
自分が亡くなった後、配偶者が安心して生活できるようにするために、どんな工夫をしておけばよいでしょうか？

法務のポイント
平成30年の民法等の改正を踏まえて、遺言の書き方でかなりの対応ができます。生前贈与の方法もあります。

税務のポイント
婚姻期間20年以上の配偶者に対する居住用不動産等の生前贈与に関連して、贈与税では従前から特例規定があります。

また、配偶者の居住を保護する制度として創設された配偶者居住権の相続税評価も明らかになりました。

法務の解説

配偶者が自宅にこのまま居住することが望ましい場合にはそれが実現できるようにすること、配偶者の住居以外の遺産の取り分をできるだけ大きくすることが考えられます。

このことを念頭において、遺言を適切に書くことが重要です。生前贈与も活用できます。

1 はじめに

配偶者の老後の安定した生活といっても、当該生存配偶者の健康状態や意向なども含めてどのような環境が相応しいかは個別具体的な状況によって千差万別といえます。家が老朽化して管理が大変であるのでマンションに転居したい、あるいは子供と同居したいということもあり得ます。

ここでは、今までの自宅にこのまま居住する方策について考えます。

2 居住用不動産（所有権）の遺贈または生前贈与

① 遺言で、居住用不動産を配偶者に贈与する旨、そしてこれについて特別受益の持戻しを免除する（分割の対象とする遺産に組み入れない）旨を書いておけば、配偶者は当該不動産を遺産分割とは別枠で取得できます。

　こうしておけば、自分の死亡後も、配偶者は、当該居住用不動産に居住し続けることができますし、遺産分割においても、配偶者は、当該居住用不動産の価値を考慮されることなく、預貯金等の中から分配を受けられます。

② 居住用不動産を生前贈与し、遺言で、これについて特別受益の持戻しを免除する（分割の対象とする遺産に組み入れない）旨を書いておくことでも、①と同じ効果が得られます。なお、持戻し免除の意思表示は必ずしも遺言でなくともよいとされています。

③ ただし、①及び②に関し、遺贈または相続開始前10年間になされた生前贈与などは、遺留分侵害額請求の対象になりますので、この点は注意が必要です。詳細はQ44のとおりです。また、課税関係も検討しましょう（後記 **税務の解説** 参照）。

④ また、遺言等で、特別受益の持戻しを免除する旨を書かなかった場合について、平成30年の民法等改正で、婚姻期間が20年以上の夫婦が、居住用不動産を配偶者に遺贈または生前贈与した場合は、持戻しの免除の意思表示をしたものと推定するという規定が置かれました（民法903条4項）。この制度は、令和元年7月1日から施行され、施行日以後にされた遺贈・生前贈与に適用されていますが、遺言に明確に書いておくことが望ましいと思います。

3 配偶者居住権の遺贈

① 平成30年の民法等改正で、配偶者が相続開始時に居住していた被相続人所有の建物を対象として、終身（遺言に別段の定めがある場合等は一定期間）、配偶者に無償で建物使用を認めることを内容とする法定の権利（配偶

者居住権）が新設されたのは前述した Q42 のとおりです。

　この制度は、令和2年4月1日から施行され、施行日以後に開始された相続に適用されます。

②　前記 **2** ④の婚姻期間 20 年以上の夫婦についての特別受益の持戻し免除の意思表示の推定規定は配偶者居住権の遺贈・死因贈与にも準用されています（民法 1028 条 3 項）が、遺言で明確に書いておくことが望ましいでしょう。

　上記改正法施行日以後であれば、遺言で、配偶者に配偶者居住権を遺贈する旨、そしてこれについて特別受益の持戻しを免除する（分割の対象とする遺産に組み入れない）旨を書いておけば、自分の死亡後も、配偶者は、当該建物に居住し続けることができますし、持戻しの免除により、遺産分割においても、配偶者は、当該配偶者居住権の価値を考慮されることなく、預貯金等の中から分配を受けられます。

●━━━━━●　**税務の解説**　●━━━━━●

①　持戻し計算の対象外

　贈与税の計算においては、婚姻期間が 20 年以上の夫婦の間で、居住用不動産または居住用不動産を取得するための金銭の贈与が行われたときは、基礎控除 110 万円のほかに最高 2,000 万円まで控除できるという特例（贈与税の配偶者控除）があります。

　2,000 万円という非課税限度額が設けられていること、遺贈は含まれず贈与に限ること、居住用不動産のみではなく、それを取得するための金銭の贈与も非課税の範囲としていることが改正された民法の取扱いとの違いです。

　なお、相続税の計算に当たっては、被相続人から相続等により財産を取得した人がその相続開始前 3 年以内に贈与を受けた金額は、相続財産に加算して相続税を計算することになっています。しかしながら、この贈与税の配偶者控除となった金額は、加算する必要はありません。

2 配偶者居住権の評価

Q42 を参照してください。

3 配偶者短期居住権は財産価値なし

配偶者短期居住権は登記もされず、保護される期間も遺産分割協議によって帰属が確定するまで等と短く収益性もないことから財産制が認められず相続税の課税対象外となります。したがって、配偶者が短期居住権により受けた利益は遺産分割に影響を与えません。

遺留分の侵害

父が亡くなり、死後1か月経って遺言書が出てきました。遺言には「70代で再婚した妻に対しすべて相続させる」とありました。子である私と弟は、どのような権利を主張することができますか。

法務のポイント

自己の遺留分が侵害されている場合は遺留分侵害額請求権（改正前は遺留分減殺請求権、以下同じ）を有します。相続開始及び遺留分を侵害する贈与または遺贈のあったことを知った時から1年という短期消滅時効があることに注意が必要です。

税務のポイント

遺留分侵害額請求によって、返還すべき価額弁償金が確定した時に、更正の請求、期限後申告または修正申告を通じて、相続税や贈与税の過不足の精算を行うことができます。

法務の解説

1 遺留分とは

被相続人の財産処分の自由と相続人の保護の調整として、被相続人の財産のうち、民法上、その取得が一定の法定相続人に留保されている持分的利益のことを遺留分といいます。

遺留分の権利者とその割合は、次ページ表のとおりです。

被相続人の配偶者、子（被相続人死亡時に子が死亡していた場合は代襲相続人）、直系尊属が遺留分権利者です。被相続人の兄弟姉妹には遺留分はありません。

相続人	総体的遺留分（被相続人の遺産に占める割合）
直系尊属のみ	3分の1
配偶者と直系尊属	2分の1
配偶者と子	2分の1
配偶者のみ	2分の1
子のみ	2分の1

遺留分＝遺留分を算定するための財産の価額×総体的遺留分

×遺留分権利者の法定相続分（※）

※単独相続の場合は、法定相続分を考慮する必要はありません。

　共同相続の場合、個別的遺留分は、上記表の総体的遺留分に、各自の法定相続分割合をかけたものとなります。

　例えば、遺留分権利者が配偶者と子2人の場合は、配偶者の遺留分は、2分の1×2分の1＝4分の1、子各自の遺留分は2分の1×2分の1×2分の1＝8分の1となります。

　被相続人が自由に処分できる範囲を超えてその財産を処分（遺贈、死因贈与、生前贈与）したことにより、特定の相続人の得られる相続財産が民法上規定された遺留分額に満たない状態を遺留分の侵害といいます。

　遺留分が侵害された場合、当該侵害行為は当然に無効となるわけではなく、遺留分権利者が遺留分侵害額請求を行うことが可能となります。

2 遺留分算定のための相続財産とは（民法1043条・1044条）

　遺留分算定のための財産の価額は、以下のとおり算出します。これに上記の個別的遺留分を乗じたものが各自の遺留分となります。

遺留分算定のための財産の価額

＝被相続人の相続開始時の財産価額＋

贈与財産の価額－相続債務額

上記の価額に算入する贈与財産は、以下の贈与です。平成30年改正の民法に基づき解説します。

① 相続開始前の1年間にした贈与

　　ただし、相続人に対する贈与については、平成30年改正により、相続開始前の「10年間」にした贈与とし、「婚姻もしくは養子縁組のためまたは生計の資本として受けた贈与の価額」（特別受益）に限って算入することになりました（令和元年7月1日の施行後に開始した相続に適用）。

　　なお、遺言者が特別受益の持戻しを免除する意思表示を行っていた場合でも算入されますので、この点は注意が必要です。

② 当事者双方が遺留分権利者に損害を加えることを知って行った贈与（上記①の期間制限はありません）

❸ 遺留分の侵害額の算定（民法1046条2項）

遺留分侵害額＝遺留分額−遺留分権利者が受けた特別受益の額
　　　　　　　　−遺産分割の対象財産がある場合は遺留分権利者の具体的相続分に相当する額
　　　　　　　　＋相続債務がある場合は遺留分権利者が負担する債務の額

なお、上記計算式中、遺留分権利者が受けた特別受益についてはその贈与の時期を問いません（民法1046条2項1号）。また、具体的相続分に相当する額については寄与分（民法904条の2）は考慮しません（民法1046条2項1号）。

❹ 遺留分侵害に対する措置

(1)遺留分侵害額請求権の行使

遺留分権利者は、遺留分を侵害されたときは、遺留分を保全するのに必要な限度で、侵害額を請求することができます。その相手方は、受遺者（特

定財産承継遺言により財産を承継し、または相続分の指定を受けた相続人を含む）、受贈者です。

　本問でいえば、子である私と弟はそれぞれ 8 分の 1 の遺留分をもっており、亡父の再婚した妻に対して請求を行うことができます。

　これまで、遺留分減殺請求権の行使の効果は形成権であり物権的効果を有すると解され、行使の結果、共有状態になるとされていました。

　しかしながら、これでは事業承継の支障になったり、持分権の処分に支障が出るおそれがあることから、平成 30 年の民法等の改正により、受遺者・受贈者に対する金銭債権（遺留分侵害額請求権）とすることになりました。これに伴い「減殺」の用語は廃止されました。

　請求を受けた受遺者、受贈者の負担額等についての規律は民法第 1047 条に規定されました。

　また、金銭を直ちには準備できない受遺者または受贈者の請求により、裁判所が金銭債権の全部または一部の支払いにつき相当の期限を許与することができることや、受遺者または受贈者が相続債務を弁済等したときの取扱いなども規定されています。

　この改正は令和元年 7 月 1 日から施行されており、施行日後に開始した相続に適用されます。施行日前に開始した相続については、なお従前の例によることとなります。

(2)遺留分侵害額請求権の消滅時効等（民法 1048 条）

　消滅時効は、相続開始及び遺留分を侵害する贈与または遺贈のあったことを知った時から 1 年です。

　また、除斥期間は相続開始から 10 年と規定されています。

●━━━━━━━━━━━● 税務の解説 ●━━━━━━━━━━━●

❶ 相続税の申告期限前に取得財産の範囲が確定しなかった場合

　相続税の申告期限前に、遺留分侵害額請求によって各共同相続人の取得

財産の範囲が確定しなかった場合には、未分割の取扱いとして、民法（寄与分を除きます）の規定による相続分または包括遺贈の割合に従って財産を取得したものとして課税価格を計算します。

したがって、事例のように、「妻に対してすべて相続させる」といった遺言があった場合には、いったん遺留分侵害額請求がなかったものとして、包括受遺者である妻がすべての財産を取得したときと同様の（相続税の基礎控除額を超える場合には）申告をするということになります。

❷ 相続税の申告期限後に取得財産の範囲が確定した場合

(1)遺留分侵害額請求を受けた受遺者

調停や判決によって侵害額が確定したことにより、既に申告した相続税または贈与税が減少することになった場合には、弁償すべき額が確定したことを知った日の翌日から4か月以内に更正の請求をし、相続税または贈与税の還付を受けることができます。

(2)遺留分侵害額請求をした遺留分権利者

遺留分侵害額請求によって、取得した財産があった場合には、期限後申告または修正申告を行います。事例の場合で、妻以外が当初申告をしていない場合には、期限後申告をします。遺留分侵害額請求によって取得財産が確定したことによる期限後申告においては、無申告加算税は賦課されません。また延滞税についても、相続税の法定申告期限の翌日から期限後申告を提出した日までの期間は、延滞税の計算期間に含まれません。

なお、一方が(1)による更正の請求を行った場合で他方に新たな納税義務が生じることとなったときは、期限後申告または修正申告をしないままにしておくと、更正の請求があった日から1年を経過した日までに税務署から更正処分等を受けることになります。

なお、令和元年7月1日以後の相続より、遺留分侵害額請求権による権利は「金銭債権」となりました。遺留分侵害額請求に対して、金銭ではなく

不動産などを分与した場合は、代物弁済としてその履行があった時において、その履行によって消滅した債権の額に相当する価額によりその資産を譲渡したこととして譲渡所得の課税関係が生じることになります。

相続人が海外にいる場合

亡母の相続が発生し、相続人は、長男、長女の私と海外に居住する次女がいます。遺言はなく、遺産分割の話合いはこれから進めたいと思います。どのように進めたらよいでしょうか。

法務のポイント

海外に居住する相続人も他の国内に居住する相続人と同様、法定相続人としての地位に異なるところはありません。

遺産分割協議書の作成に当たっては、在外の日本国領事館、大使館で署名証明を受けること等手続に必要な書類があります。

税務のポイント

相続人の住所、国籍により課税財産の範囲が異なります。また、申告に当たって納税管理人の届出を要するなどの手続が必要なため、国外に相続人がいる場合、あらかじめ余裕を持って申告の準備をしておく必要があるでしょう。

● 法務の解説 ●

1 海外に居住する相続人がいても基本は同じ

海外に居住する相続人がいる場合であっても、法定相続人としての地位に異なるところはありません。

遺産分割内容について合意ができたら、協議書案を確認してもらい、合意の成立を証するため協議書を作成してもらいます。

ただ、日本に住所のない海外居住者の場合、日本に居住していれば揃えることができる実印の印鑑証明、住民票写しを揃えることができません。そのため、提出先である日本での関係機関（銀行等金融機関、登記が必要な場合は法務局等）で、海外に居住する相続人の必要書類を早めに確認したうえで、

それを当該相続人に用意してもらうことが必要です。

また、日本で住所登録（印鑑登録）を抹消していない場合にも在外公館での署名証明、在留証明が必要かどうかも当該提出先に確認する必要があります。

2 主な手続書類

実際には、日本での遺産相続手続の関係先に海外在住者の必要書類を確認してください。

(1)印鑑証明に代わる署名証明

遺産分割協議書には相続人全員が記名または署名、実印押印を行い、本人が署名押印したことを証するため印鑑証明書を添付するのが通常です。

海外に居住し印鑑証明を用意できない場合、日本での印鑑証明に代わるものとして、署名証明（サイン証明）が本人の署名（及び拇印）であることに間違いないことを証明します。

具体的には、在外の日本国領事館、大使館で、担当官の面前で署名（及び拇印）を行い、証明してもらいます。証明方法には、2種類あります。形式1は、証明書と遺産分割協議書などの私文書（申請者が領事の面前で署名します）を綴り合わせて割印を行うもの、形式2は、申請者の署名を単独で証明するものです。提出先が求める形式を必ず確認して作成するようにしてください。例えば、不動産登記手続には形式2の署名証明が必要とされ、遺産分割協議書の内容が確定後、海外に居住する当該相続人本人が証明を受けたい書類原本を持ち込み、その場で署名（及び拇印）を行うことになります。

申請に必要な書類や手続の詳細は、利用する領事館、大使館に確認してください。

(2)在留証明

不動産登記等の相続手続で住民票写しに代わるものとして、在留証明が外国のどこに住所（生活の本拠）を有しているかを証明します。

在外の日本国領事館、大使館で申請し発行してもらいます。申請に必要な書類等や手続の詳細は、利用する領事館、大使館に確認してください。

税務の解説

納税義務

国内に住所を有しない者であっても、被相続人が国内に住所を有している場合または過去10年以内に住所を有したことがある場合には、国内財産と国外財産を問わず、課税の対象となります（一定の場合を除きます）。具体的には以下のとおりです。

被相続人 贈与者		相続人 受贈者	国内に住所あり	国内に住所なし		
			一時居住者（※1）	日本国籍あり		日本国籍なし
				10年以内に住所あり	10年以内に住所なし	
国内に住所あり			①	①	②	②	②
	一時居住被相続人（※1） 一時居住贈与者（※1）		①	③	②	③	③
国内に住所なし	10年以内に住所あり		①	①	②	②	②
	相続税 　外国人 贈与税 　短期滞在外国人（※2） 　長期滞在外国人（※3）		①	③	②	③	③
	10年以内に住所なし		①	③	②	③	③

※1　出入国管理法及び難民認定法別表第1の在留資格で滞在している者で、相続・贈与前15年以内において国内に住所を有していた期間の合計が10年以下の者
※2　出国前15年以内において国内に住所を有していた期間の合計が10年以下の外国人
※3　出国前15年以内において国内に住所を有していた期間の合計が10年超の外国人で出国後2年を経過した者
(注)　図中■部分は国内財産・国外財産ともに課税。□部分は国内財産にのみ課税
(出典：「改正税法のすべて」（財務省平成30年版））

上記表※1において「出入国管理法及び難民認定法別表第1の在留資格

で滞在しているもの」とありますが、別表1には、(1)外交、公用、教授、芸術、宗教、報道、(2)高度専門職、経営・管理、法律・会計業務、医療、研究、教育、技術・人文知識・国際業務、企業内転勤、介護、興行、技能、技能実習、(3)文化活動、短期滞在、(4)留学、研修、家族滞在、特定活動等が定められています。

永住者、日本人の配偶者、永住者の配偶者等は別表2に定める在留資格となり、短期在留の外国人とはなりません。

判定に当たっては在留資格の確認が必須です。

表中の①～③はそれぞれ、①居住無制限納税義務者、②非居住無制限納税義務者、③制限納税義務者といい、相続人（包括受遺者を含みます）の債務控除等の取扱いに下記の違いがあります。

居住無制限納税義務者 非居住無制限納税義務者	・相続開始の際現に存在する被相続人の債務（公租公課を含む） ・葬式費用
制限納税義務者	〈国内にある財産に係る以下のもの〉 ・その財産に係る公租公課 ・その財産を目的とする留置権、特別の先取特権、質権または抵当権で担保される債務 ・その財産の取得、維持管理のために生じた債務 ・その財産に関する贈与の義務 ・法施行地の営業所等に係る営業上の債務

また、未成年者控除は（居住・非居住）無制限納税義務者のみの適用であり、障害者控除については、居住無制限納税義務者のみの適用となっています(注)。なお、これらの控除の制度は、本人の相続税から控除しきれない場合、その者の扶養義務者からも控除することができますが、扶養義務者が無制限納税義務者かどうかは問われていませんので、控除不足額がある場合には制限納税義務者の相続税額からも控除を受けることができます。

また、相続人が日本に住所または居所を有しない、または有しないこととなる場合には、日本に住所等を有する納税管理人を定めて、税務署に届出書を提出することが必要です。

納税管理人の届出をしないで出国する場合は、その出国の日までに相続税の申告書を提出しなければなりません。納税管理人は、国税に関する法

令に基づく申告や申請、請求及び届出書の作成ならびに提出や、税務署が発送する書類の受領、国税の納付や還付金等の受領などを納税者に代わって行います。

(注) 未成年者・障害者が制限納税義務者であっても、被相続人がアメリカ国籍または住所を有していた場合には、日米相続税条約により未成年者控除、障害者控除の適用があります。

② 相続税の申告

　海外に住所のある相続人の場合、その国の日本大使館や領事館で取得した在留証明書が住民票の代わりとして、また、署名（サイン）証明書（または拇印証明書）が印鑑証明書の代わりとして遺産分割協議等の署名を証明することになります。

　また、相続税の申告・納税は、納税管理人を選任して行います。

　海外に相続人がいる場合や国外財産がある場合には評価の算定をはじめ、分割協議や申告の手続に相当な時間がかかることが予想されます。また、高齢な相続人では意思疎通の手段も限られるため、事前に遺産分割についての話合いをしておくことや、親族や専門家の協力を仰いでおくことが必要でしょう。

　なお、国外財産を相続・遺贈により取得した場合に、その財産の所在地国において相続税に相当する税が課せられたときは「外国税額控除」の適用があります。

③ 国外転出時課税

　時価1億円以上の有価証券を所有していた居住者（相続の日前10年以内に国内に住所または居所を有していた期間の合計が5年超である場合）である被相続人から非居住者が有価証券を相続した場合には、国外転出時課税の適用を受けることになります。

　この場合、被相続人が非居住者に譲渡したものと取り扱われ、準確定申告で申告・納税をします。

　ただし、国外転出時課税を受けた非居住者が相続開始から5年（納税猶予

の延長をしている場合は10年）以内に帰国した場合や居住者に有価証券が移転されたときは、その日から4か月以内に更正の請求により国外転出時課税により課された税額を取り消すことができます。

Q46 相続財産が空家の場合

1人暮らしの姉が昨年亡くなり、その家は現在空家になっています。私が唯一の相続人です。私は自宅を所有しており、昭和50年築の姉の家を放置していますが、このまま何もしないでも問題ないでしょうか。

A46

法務のポイント

相続を原因とする不動産登記手続を行い、当該不動産の固定資産税等の納付を行う必要があります。また、所有者として、倒壊や外壁等の崩れ等で第三者に被害を与えないよう建物等工作物の維持管理を行うことなども必要です。

税務のポイント

被相続人が居住の用に供していた家屋が空家になった場合で一定の要件を満たすときは、譲渡所得の特別控除の特例の適用があります。また空家のままにしておくと防犯や景観の面において近隣とトラブルが発生するおそれがあるだけでなく、後述する固定資産税の居住用の特例措置が外れて税額が上がる可能性があります。

法務の解説

相続により取得した不動産に関連して、以下の点に注意が必要です。

1 不動産登記手続

わが国現行法制下では登記に公信力がないとされているため、これまで相続が発生しても不動産所有権移転登記を行わない件数が多く、長年の時間の経過とともに所有者不明不動産が全国各地で増加し、この問題の解決が国家的課題となっています。

相続を原因とする所有権移転登記を速やかに行う必要があります。

2 固定資産税等の納付

土地建物の所有者として、固定資産税等の納付期限までに納付する必要があります。

3 土地の工作物の維持管理

さらに、土地の工作物の設置または保存に瑕疵があることによって他人に損害を生じたとき、所有者は損害賠償責任を負います（無過失責任）。例えばブロック塀や建物が老朽化して崩れ落ち、通行人に当たって怪我をさせた場合等、通常有すべき安全性を欠き他人に損害を与えたときは、所有者はこれによる損害を賠償しなければなりません。台風で屋根が壊れ、近隣に被害を及ぼす例もあります。そのため、所有者は、建物やブロック塀等の工作物の維持管理をきちんと行う必要があります。

4 庭木の維持管理

庭木がある場合は枝や幹等が他人に被害を及ぼさないよう手入れを行う必要があります。また、毒針を持つ毛虫等に接触すると皮膚炎等被害を及ぼす危険もあるため、庭木の害虫駆除を行う必要があります。

5 火災保険

火災発生の危険もあるため、建物を解体しない場合は火災保険に加入しておくことがベターでしょう。

● 税務の解説 ●

被相続人の亡き後、空家の状態のまま放置されている家屋が増加しています。管理が不十分な空家の放置は、火災の発生や建物の倒壊、衛生の悪化、防犯性の低下、景観の悪化等、様々な問題を引き起こす危険性が高くなります。

このような空家対策の1つとして、税制において空家の抑制あるいは積

極的な流通を促す特例が創設されています。

固定資産税の特例

　空家等対策の推進に関する特別措置法（以下、空家対策特別措置法）において定義される「特定空家等」について、その敷地を住宅用地の課税標準の特例の適用範囲から除外する措置が講じられました。

　「特定空家等」とは、以下の①から④の状態にあると認められるものをいいます。

① そのまま放置すれば倒壊等著しく保安上危険となるおそれのある状態
② そのまま放置すれば著しく衛生上有害となるおそれのある状態
③ 適切な管理が行われないことにより著しく景観を損なっている状態
④ その他周辺の生活環境の保全を図るために放置することが不適切である状態

　住宅用地の課税標準の特例は、200㎡までは固定資産税が6分の1、都市計画税が3分の1となり、200㎡を超える部分は固定資産税が3分の1、都市計画税は3分の2と軽減されるものですが、特定空家等として特例から除外されると、固定資産税は最大6倍、都市計画税は3倍になります（商業地等の負担調整措置70％考慮後は、固定資産税4.2倍、都市計画税2.1倍）。

　なお、一次的な空室の状態であったり、空家であったとしても定期的な管理をしているのであれば、直ちに固定資産税等の負担が増えるということにはなりませんが、市町村による立入調査により除却や修繕、立竹木の伐採その他周辺の生活環境の保全を図るために必要な助言指導が行われても所有者等が必要な措置をとらないときや、改善が不十分なとき、または期限までに完了する見込みがないときに、市町村による「勧告」、さらに「命令」、命令に従わない場合は、「代執行」に移行することがあるとされます。つまり、行政により空家が解体される可能性があるということです（解体費用は所有者に請求されます）。

2 譲渡所得の特例

　居住用の不動産の譲渡に関しては、譲渡益から 3,000 万円を控除する特例がありますが、この特例は空家には適用がありませんでした。そこで、相続を原因として空家状態になった土地や家屋にも居住用と同額の 3,000 万円までの特別控除（空家の 3,000 万円特別控除）を設けることで売却を促す新しい特例が平成 28 年度の税制改正により創設されました。

　主な適用要件は次のとおりです。

　① 相続した家屋は、昭和 56 年 5 月 31 日以前に建築された家屋（区分所有建築物を除きます）であって、相続開始の直前において、被相続人以外に居住者がなかったこと

　② 譲渡した家屋または土地は、相続時から譲渡時点まで、居住、貸付け（無償による貸付けも含みます）、事業の用に供されていたことがないこと

　③ 譲渡価額が 1 億円を超えないこと

　④ 家屋を取り壊さずに譲渡する場合は、その家屋が現行の耐震基準に適合すること（基準を満たしていない場合は耐震リフォームを行うこと）

　⑤ 相続開始の時から 3 年を経過する日の年の 12 月 31 日までに譲渡すること

　⑥ 平成 28 年 4 月 1 日から令和 5 年 12 月 31 日までの間の譲渡であること

　実際の適用に当たっては、被相続人が 1 人暮らしであったことを証明するための除票住民票の写しのほか、譲渡の時まで空家であったことを明らかにする書類（相続人の住民票の写しやガスの開栓証明書等）や建物取壊し後の敷地の写真等、上記の要件に合致することを証する書面（被相続人居住用家屋等確認書）の添付が求められます。

　なお、この特例は、自分の居住用財産を譲渡した場合の 3,000 万円特別控除、または居住用財産の買換え等に係る特例との併用が可能です。ただし、相続税の取得費加算の特例とは選択適用となります。

　なお、平成 31 年度税制改正により、平成 31 年 4 月 1 日から令和 5 年 12

月31日までに行う譲渡から、老人ホーム等に入所したことにより被相続人の居住の用に供されなくなった家屋等について、一定の要件を満たすことで、特例の適用が認められることになりました。

　具体的には、①被相続人が老人ホームの入所直前までに介護保険法に規定する要介護認定等を受け、かつ、相続開始直前まで老人ホーム等に入所していたこと、②被相続人が老人ホーム等に入所した時から相続開始直前まで、その家屋について被相続人による一定の使用がなされ、かつ、事業や貸付けの用または被相続人以外の居住の用に供されていたことがないことという要件があります。

【相続税の取得費加算】

　この特例は、相続により取得した土地、建物、株式等を、相続開始のあった日の翌日から相続税の申告期限の翌日以後3年を経過する日までに譲渡した場合に、相続税額のうち一定金額を譲渡資産の取得費に加算することができるというものです（188ページ**コラム**参照）。

　平成27年1月1日以後の相続または遺贈により取得した財産を譲渡した場合の算式は、次のとおりです。

$$\text{その者の相続税額} \times \frac{\text{その者の相続税の課税価格の計算の基礎とされたその譲渡した財産の価額}}{\text{その者の相続税の課税価格＋その者の債務控除額}}$$
$$= \text{取得費に加算する相続税額}$$

相続の第三者への対抗要件
相続で不動産や債権を取得したときに、第三者に対抗するためにやらなければいけないことがありますか？

法務のポイント

相続による権利の承継は、法定相続分を超える部分については、登記等の対抗要件を備えないと第三者に対抗できません。

税務のポイント

相続の効力に関する民法の見直しは、課税関係には直接には影響しませんが、相続登記が未了で、数次相続が発生している土地の登記について、登録免許税を免税とする措置が講じられています。

―― 法務の解説 ――

平成30年の民法等の改正で、相続の効力等が見直されました。

1 これまでの対応

これまでは、相続・遺贈による不動産等の取得の効力について、これを第三者に対抗するためには、遺産分割や遺贈の場合は登記等が必要とされる一方、相続させる旨の遺言の場合は、登記等は必要ないとされていました。

2 平成30年の民法等の改正後

しかし、これでは、遺言の有無や内容を知り得ない相続債権者等の利益を害することから、今後は、相続による権利の承継は、遺産分割によるかどうかにかかわらず、法定相続分を超える部分については、第三者に対抗するためには、登記等の対抗要件を備えることが必要になりました（民法889条

の2第1項)。これにより、相続させる旨の遺言（特定財産承継遺言）について
も、法定相続分を超える部分については、第三者対抗要件を具備すること
が必要になりました。

　相続財産中の債権の承継についても同様に、相続させる旨の遺言の場合
も、法定相続分を超える部分について債務者・第三者に対抗するためには、
対抗要件を備えることが必要となりました。

　相続による債権の承継の対抗要件具備の方法としては、①共同相続人全
員による通知、②債務者の承諾（民法467条1項）、または、③簡易迅速な方
法として、当該債権を承継した共同相続人が当該債権に係る遺言の内容（遺
産の分割により当該債権を承継した場合にあっては、当該債権にかかる遺産の分割の内
容）を明らかにして債務者にその承継の通知を行い共同相続人の全員が債
務者に通知をしたものとみなすとの特則に基づく通知（民法889条の2第2項）
があります。

　当該債権の債務者以外の第三者への対抗要件については、確定日付によ
る証書によることが必要です（民法889条の2第1項、467条2項）。

　詳細は法律相談を受けることをお勧めします。

　この改正は、令和元年7月1日から施行されており、施行日以後の相続
開始に適用されるほか、施行日前に開始した相続に関し遺産の分割による
債権の承継がされた場合において、施行日以後にその承継の通知がされる
ときにも適用されます。

━━━━━━━━━●　税務の解説　●━━━━━━━━━

❶ 相続登記の登録免許税の免税措置について

　平成30年度の税制改正により、相続による土地の所有権の移転の登記
についての登録免許税の免税措置が設けられました。

　この背景には、九州の面積より広いと推計される所有者不明の土地問題
が背景にあります。所有者不明の土地の存在が、公共事業の用地取得や森
林の適正管理等の妨げになっており、土地の利活用にも支障が出ているこ

とが指摘されています。

免税措置には、次の2つがあります。

(1)相続により土地を取得した方が相続登記をしないで死亡した場合の登録免許税の免税措置

　個人が相続・遺贈により土地の所有権を取得した場合に、その個人がその相続によるその土地の所有権の移転の登記を受ける前に死亡したときは、平成30年4月1日から令和3年3月31日までの間にその個人をその土地の所有権の登記名義人とするために受ける登記については、登録免許税を課さないこととされました。

　なお、登録免許税の免税措置の適用を受けるためには、免税の根拠となる法令の条項（租税特別措置法84条の2の3第1項）を申請書に記載する必要があります。

(2)市町村の行政目的のため相続登記の促進を特に図る必要がある土地に係る登録免許税の免税措置

　土地について相続・遺贈による所有権の移転の登記を受ける場合に、その土地が市街化区域外の土地であって、市町村の行政目的のため相続による土地の所有権の移転の登記の促進を特に図る必要があるものとして、法務大臣が指定する土地のうち、不動産の価額が10万円以下の土地であるときは、平成30年11月15日から令和3年3月31日までの間に受ける当該土地の相続による所有権の移転の登記については、登録免許税を課さないこととされました。

共有者の1人が亡くなり相続人がいない場合

私と友人は、お互いに2分の1ずつ資金を出し合って別荘を建て、休日に交代で利用していました。ところが、先日その友人が急逝してしまいました。友人には相続人はありません。この場合、別荘の2分の1の持分も国庫に帰属することになってしまうのでしょうか。

法務のポイント

相続財産管理人選任の手続により、家庭裁判所から相続財産管理人が選任され、法定の各手続を経て、当該共有持分が、承継すべき者のないまま、なお残存することが確定したときには、当該共有持分は国庫に帰属することなく他の共有者に帰属することとなります。

税務のポイント

共有状態にある財産の共有者の1人が死亡した場合、その者に相続人がいないときは、特別縁故者への財産分与の対象になった場合を除き、他の共有者が遺贈により取得したものとして取り扱うこととされています。

法務の解説

1 相続人がいない共有者が死亡した場合

ある人が死亡し、相続人がいるか明らかでない場合において（相続放棄により、遡って相続人がいなくなった場合も含みます）、その死亡した人の財産を管理・処分する必要があるときは、利害関係人等は家庭裁判所に相続財産管理人の選任を申し立てる手続が民法上設けられています。選任された相続財産管理人は、民法に従って手続を進めます。相続債権者・受遺者捜索の官報公告の手続を行い、請求の申出に対し清算手続を行い、相続人不存在確定後、特別縁故者から裁判所に対し財産分与請求申立がなされれば、それに対し意見を申し述べ、裁判所の審判に従って対応します。そのような手続

を経て、管理すべき財産がなおも残る場合は国庫に帰属させるのが原則です。

ただし、民法第255条には、「共有者の一人が、その持分を放棄したとき、又は死亡して相続人がないときは、その持分は、他の共有者に帰属する。」という定めがあります。

この第255条は、共有物について、国と他の共有者との間に共有関係が生じると、国としても財産管理上の手数がかかるなど不便であり、また、そうすべき実益もないので、むしろ、そのような場合にはその持分を他の共有者に帰属させたほうがよいという考慮から、相続財産の国庫帰属に対する例外として設けられた規定であると考えられています。

最高裁判所判決（平成元年11月24日）は次のように述べています。

「共有者の一人が死亡し、相続人の不存在が確定し、相続債権者や受遺者に対する清算手続が終了したときは、その共有持分は、他の相続財産とともに、法958条の3の規定に基づく特別縁故者に対する財産分与の対象となり、右財産分与がされず、当該共有持分が承継すべき者のないまま相続財産として残存することが確定したときにはじめて、法255条により他の共有者に帰属することになると解すべきである。」

② あてはめ

上記**1**の判例から、本設問においては、相続財産管理人の選任手続を経て選任された相続財産管理人が、相続債権者・受遺者捜索の官報公告、その清算手続、相続人捜索の官報公告の手続をとり、さらに、特別縁故者に対する財産分与もなされず、当該共有持分が、承継すべき者のないまま、なお残存することが確定したときには、他の共有者である相談者に帰属することとなります。

税務の解説

被相続人に相続人がいない場合の原則的な取扱いについてはQ20（107ページ以下）を参照してください。

ただし、ご質問のように相続人がいない場合でも、共有財産の持分がある
ときには、その持分は、他の共有者が遺贈により取得したものとして取り扱
うこととされています。

【参考】相続税法基本通達9-12

> 共有に属する財産の共有者の1人が、その持分を放棄（相続の放棄を除く。）
> したとき、又は死亡した場合においてその者の相続人がないときは、その者に
> 係る持分は、他の共有者がその持分に応じ贈与又は遺贈により取得したもの
> として取り扱うものとする。

この場合、他の共有者は相続税の課税の有無について検討する必要があ
ります。特別縁故者に分与された財産も含めて相続税の基礎控除額3,000
万円を超えている場合には相続税の申告及び納税が必要になります。申告
期限は、原則として次のとおりです。

① 特別縁故者による財産分与の請求がない場合

　特別縁故者の財産分与の請求期限の満了の日の翌日から10か月以
内

② 特別縁故者の財産分与の請求がある場合

　分与額または分与しないことの決定が確定したことを知った日の翌
日から10か月以内

信託の活用方法①（死後も妻のために財産管理を委託したい場合）

私（甲）も高齢となり、そろそろ遺言を書こうと思っています。私の相続人は妻（乙）と子（丙）の2人です。まずは長年連れ添ってくれた妻に多くの財産を残したいとは思いますが、妻も最近物忘れが多くなっており、私亡き後きちんと財産管理ができるのか心配です。このような場合、信託の活用が可能と聞きましたが、どのような仕組みでしょうか。

法務のポイント

信託を活用する場合はいろいろなやり方が考えられますが、例えば、委託者を私（甲）、受託者を子（丙）、受益者を当初は私（甲）とし、私の死後は妻（乙）とする家族信託を行うことが考えられます。

税務のポイント

信託における税務は、基本的に委託者と受益者の関係で整理することができます。

法務の解説

1　信託とはどういうものか

本問では、妻（乙）に成年後見人を付けておくことも考えられますが、妻の判断能力の状況によっては成年後見人が付けられるとは限りません。

信託であれば、妻の判断能力とは関係なく、私（甲）の判断で、信託のスキームを活用することができます。

信託は、委託者が、受益者の利益のために、信託財産の管理または処分及びその他の当該目的の達成のために必要な行為を、受託者に委ねる制度です。

委任者または受任者の死亡によって終了する委任契約とは異なり、信託は委託者死亡後も続き、また、受託者の死亡や辞任等の場合に備え、後任受託者を予め信託行為で定めておくか、裁判所による選任等信託法上の定めがあるため、委託者の意思により、自己の死後、将来に備える方策の一つと

しても利用されています。

　信託では、委託者から受託者に信託財産の所有権が移転する形になりますが、受託者は、受益者の利益のために信託財産の管理または処分などを行わなければなりません。委託者と受託者の間に信認関係がなければ、このスキームは成り立ちません。

　ですから、委託者は、信託を行うに当たって、受託者を誰にするかは慎重に考える必要があります。

　信託財産は、形式上は受託者に帰属しますが、実質的な利益は受益者に帰属します。

　信託法では、委託者・受託者・受益者の地位を同一人が兼ねることも認められています。

　信託の設定方法としては、①信託契約の締結、②遺言、③信託宣言（自己信託の場合）があります。

❷ 遺産の承継と関連する場面での信託の形態

(1)遺言代用信託など

　委託者の死亡のときに受益者となるべき者として指定された者が受益権を取得する旨の定めのある信託、または、委託者の死亡のとき以後に受益者が信託財産に係る給付を受ける旨の定めのある信託を、信託契約により行うこともでき、受益者を変更する権利も委託者に認められます（遺言代用信託といわれます）。

　例えば、夫が認知症の妻の生活のためであるとか、親が障害のある子の将来を案じてなど、自分の死後、妻や子が受益者として定期的に生活費相当の金銭を受け取れるよう預金を信託財産とするなどの利用が考えられます。

　また、委託者の死亡の前から委託者本人を受益者として信託の効力を発生させたうえで、委託者の死亡時に、受益者を妻など委託者本人以外の者に変更するように決めておくこともできます。

(2)後継ぎ遺贈型の受益者連続型信託

さらに、受益者の死亡により他の者が新たに受益権を取得する旨の定め（受益者の死亡により順次他の者が受益権を取得する旨の定めを含みます）のある信託（後継ぎ遺贈型の受益者連続型信託といわれます）も設定することができます。ただし、永久に拘束されるべきではないため、信託法上、当該信託がされたときから30年経過時以後に現に存する受益者が当該定めにより受益権を取得した場合であって当該受益者が死亡するまでまたは当該受益権が消滅するまでの間、効力があると定められています。

例えば、離婚後再婚したが再婚相手との間に子がなく、前妻との間に子がいる場合、自分の死後、受益者を再婚した妻とし、妻死亡後は前妻との間の子を受益者とする等の組み立ても考えられます。

(3)注意点

信託スキームにおいて遺留分権利者の遺留分を侵害すると遺留分侵害額請求権の対象となりますので、実質的に遺留分制度を潜脱することにならないよう十分配慮して組み立てを行う必要があります。

③ 本問で考えられる信託スキームの一例

本問についても、いろいろな信託スキームが考えられますが、例えば、私（甲）を委託者、子（丙）を受託者として、一定の信託財産の管理または処分などを委託し、その受益者を当面は私（甲）本人、私の死亡後は妻（乙）とするという方法が考えられます。

こうしておけば、私（甲）は、自分の生前にスキームを作ることで、子（丙）がきちんと管理を行うことを確認できます。

なお、信託のスキームにはいろいろなやり方がありますし、信託法などによる規制もありますので、早めに法律専門家に相談されることをお勧めします。

税務の解説

委託者甲、当初の受益者甲（甲死亡後乙が受益者）という前提で解説します。

委託者が甲、受益者も甲として信託を設定する場合、実質的に利益を受ける人が委託者自身であることから贈与税の課税関係は生じません。ただし不動産などを信託した場合、その旨の登記がないと第三者に対抗することができません。この信託の登記については、受託者に登録免許税が課税されます（不動産の移転登記については登録免許税はかかりません。また不動産取得税は課税されません）。なお、所得税（不動産所得）の申告においては、受益者がその所得を得たものとみなして課税されます。この場合、不動産所得の損失の金額は生じなかったものとみなされ、損益通算できないことに留意する必要があります。

その後、甲が亡くなって受益者が乙になったときに、甲から乙が信託財産の遺贈を受けたものとして、相続税の課税対象となります。このときの評価額は、信託された財産の相続開始時の時価、具体的には財産評価基本通達における評価額です。

信託の活用方法②（死後もペットの面倒を見てもらいたい場合）

私(甲)には大切な家族として一緒に暮らしてきた愛犬がいます。私が先に亡くなってしまった場合、愛犬がどうなるかとても心配しています。私が亡くなった後は、犬好きの友人(乙)に愛犬の面倒を見てもらい、そのための世話代として金銭も渡したいと思っているのですが、それを確実にする方法はあるでしょうか。私には子供(丙)はいますが、犬は嫌いですし足も悪く、面倒を見てもらうことはできない状況です。

法務のポイント

信託を活用する場合はいろいろなやり方が考えられますが、例えば、委託者を私(甲)、受託者を子(丙)、受益者を当初は私(甲)とし私の死後は友人(乙)とする信託を行うことが考えられます。

税務のポイント

信託における税務は、基本的に委託者と受益者の関係で整理することができます。

--- 法務の解説 ---

1 信託とはどういうものか

信託というスキームについては、Q49 を参照してください。

2 本問で考えられる信託スキームの一例

そのうえで、本問についていえば、信託財産を信頼できる誰かに管理してもらい、その財産の中から愛犬の面倒を見る人に定期的に資金が渡されるのが望ましいと考えられます。

いろいろなスキームが考えられますが、例えば、委託者を私(甲)、受託者を子(丙)、受益者を当初は私(甲)とし私の死後は友人(乙)とする信託を行うことが考えられます。

子(丙)は、愛犬の面倒自体は見られなくても、財産の管理は信頼して任せられる可能性がありますし、私(甲)の生前から信託財産の管理を任せておけ

ば、信頼できるかどうかもわかります。

　そして、私（甲）の生前は、子（丙）から愛犬のための資金を私に交付してもらい、私の死後は、愛犬の面倒を見てくれる友人（乙）に交付してもらうことにするというスキームです。面倒見に必要な金銭を信託財産とすることが考えられ、愛犬の犬種の平均寿命や現在の愛犬の持病等健康状態、動物の医療保険料等を参考に面倒見に係る大まかな費用を算定し、金額を決めるとよいでしょう。

　なお、この信託は、愛犬が亡くなれば終了することになりますので、その時点で信託財産の残りを誰に承継させるか、寄附するのか等も決めておく必要があります。

● 税務の解説 ●

　委託者甲、当初の受益者甲（甲死亡後乙が受益者、愛犬の死亡後、残余財産は、乙以外の個人または動物愛護団体に寄附する前提）で解説します。

　委託者が甲、受益者も甲として信託を設定する場合、実質的に利益を受ける人が変わらないことから贈与税の課税関係は生じません。

　その後、甲が亡くなって受益者が乙になったときに、甲から乙が信託財産（この場合、愛犬と金銭）の遺贈を受けたものとして、相続税の課税対象となります。このときの相続税評価額は、信託された財産の相続開始時の時価、具体的には財産評価基本通達における評価額です。

　ご質問のケースでは、愛犬と金銭を相続開始時点で評価することになります。乙は甲の一親等の血族（及び配偶者）でないことから相続税額は2割加算されます。

　愛犬が亡くなったときには信託契約は終了となります。残余財産を取得した個人が乙以外である場合には、取得した個人に贈与税が課されます。また残余財産を法人に寄附した場合は、寄附を受けた法人は受贈益を計上することになりますが、法人が公益法人等の場合は収益事業に該当しないため法人税の課税関係は生じません。

　なお、ペットの飼育を目的とする信託など受益者が存しない信託につい

ては、受託者は個人であっても法人とみなされ、法人税が課税されるなど、上記と異なる取扱いになります。

あとがき

　少子高齢化の進展に伴う問題は、年金や医療・介護その他様々な切り口で毎日のようにメディア等で取り上げられていますが、税理士業務を行ううえでも少子高齢化の影響は実感するところです。

　特に相続税の申告業務において、被相続人の配偶者も高齢化しているため、申告のための必要書類を整えることが難しい、名義変更などの手続が自分一人では行えない、認知症が疑われ遺産分割協議に支障があるなどのケースも多く発生しています。また、被相続人の子供も高齢化しているケース、あるいは子供がおらず同じく高齢化している兄弟姉妹が相続人で、その中で代襲相続が発生している、さらには遺産分割協議成立前に次の相続が発生した、等々まさに"老老相続"に起因する事象が増加しています。

＊　　　　　　　　　＊

　このような状況で、今般、民法（相続法）等が改正され、配偶者居住権や特別寄与料の創設など新しい制度が誕生しました。それに伴い、税務においても新しい税制が定められたところです。

　これらの改正により、むしろ税理士業務はさらに複雑化していくことになるでしょう。例えば、配偶者居住権を設定することについて、権利と税金とを天秤にかける心情が相続人に起きるであろうことも理解して、幅広い見地から専門家としての適切なアドバイスが今まで以上に求められるように思います。

　相続人間に紛争がない場合は、法律の専門家に協力を頼むという発想がないかもしれません。しかし、老老相続の現場においては、税理士だけでは問題解決にならないことも多々生じます。これからの相続業務は、法律と税務の両方の理解がより必要となり、士業同士の協力体制は必須になることでしょう。

　最後になりましたが、この書籍の出版に当たり、企画・編集制作に携って

いただいた清文社の皆さん、そしてお忙しい中、大変有益なアドバイスをくださった税理士の小林麿寿美先生に心からの感謝を申し上げたいと思います。

　令和元年 10 月

税理士　平田　久美子

【著者紹介】

奥原 玲子（おくはら れいこ）

弁護士。現在、光和総合法律事務所パートナー。上智大学法学部国際関係法学科卒。大蔵省勤務を経て、2000 年弁護士登録。2012 年～民事調停委員、2018 年度第一東京弁護士会副会長、2018 年度日本弁護士連合会常務理事。

〈主な著書〉

『コンテンツビジネスと著作権法の実務』（共著・三協法規出版/ 2015 年）

『持続可能な社会を支える弁護士と信託－医療クラウド、産学連携、まちづくり』（共著・弘文堂/ 2012 年）ほか

平田 久美子（ひらた くみこ）

税理士。筑波大学第三学群社会工学類卒。東京都庁、柴原一税理士事務所勤務を経て、2006 年平田久美子税理士事務所開設。

〈主な著著〉

『激変する既存住宅ビジネスと税制活用』（共著・清文社/ 2017 年）

『相続税相談所』（中央経済社/ 2016 年）ほか

老老相続―弁護士・税理士が伝えたい法務と税務！

2019年11月5日　発行

著　者	奥原 玲子／平田 久美子 Ⓒ
発行者	小泉 定裕

発行所　株式会社 清文社	東京都千代田区内神田 1－6－6（MIF ビル） 〒 101-0047　電話 03(6273)7946　FAX 03(3518)0299 大阪市北区天神橋 2 丁目北 2－6（大和南森町ビル） 〒 530-0041　電話 06(6135)4050　FAX 06(6135)4059 URL http://www.skattsei.co.jp/

印刷：㈱太洋社

■著作権法により無断複写複製は禁止されています。落丁本・乱丁本はお取り替えします。

■本書の内容に関するお問い合わせは編集部まで FAX（03-3518-8864）でお願いします。

■本書の追録情報等は、当社ホームページ（http://www.skattsei.co.jp/）をご覧ください。

ISBN978-4-433-62989-2